Roland Leonhardt

Schülergeschichten berühmter Menschen

Für meine Mutter

Roland Leonhardt

# „Ich lerne nur das, was mir Spaß macht!"

## Schülergeschichten berühmter Menschen

Nünnerich-Asmus
Verlag & Media

184 Seiten mit 41 Abbildungen
Titelabbildung: l. u.: Coco Chanel als Kind, Fot. NN, gemeinfrei,
(https://24celebs.com/celebrity/47961-coco-chanel.html , letzter Aufruf: 05.07.2019);
l. o.: Coco Chanel 1912, BN: gemeinfrei, WikiCommons: (https://commons.wikimedia.org/wiki/
File:Chanel_hat_from_Les_Modes_1912.jpg , letzter Aufruf 07.08.2019); r. u.: Albert Einstein
als Kind 1985, BN: AKG-Images AKG3877865; r. o.: Albert Einstein 1902, BN: AKG-Images
AKG21834.

Titelzitat: „Ich lerne nur das, was mir Spaß macht!" von Albert Einstein (aus Knister,
Hexe Lillis witzigste Schülersprüche, Arena Taschenbuchverlag, Würzburg 2009, S. 42).

Bibliografische Information der Deutschen Nationalbibliothek
Die Deutsche Nationalbibliothek verzeichnet diese Publikation in der
Deutschen Nationalbibliografie; detaillierte bibliografische Daten sind im
Internet über http://dnb.d-nb.de abrufbar.

© 2019 by Nünnerich-Asmus Verlag & Media, Oppenheim am Rhein
2. Auflage 2021
ISBN 978-3-96176-079-4

Lektorat: Janina Noack, Melanie Beck, Nünnerich-Asmus Verlag & Media GmbH,
Oppenheim am Rhein
Gestaltung des Titelbildes: ADDVICE DESIGN & ADVERTISING Hans Jürgen Wiehr
Gestaltung: Bild1Druck GmbH, Berlin

Printed in Germany by Nünnerich-Asmus Verlag & Media
Weitere Titel aus unserem Verlagsprogramm finden Sie unter:
www.na-verlag.de

# Inhalt

Vorwort ................................................................ 7

Lang Lang – Klaviervirtuose mit Kriegerseele ......................... 8

Martin Schulz – „... das mach ich nicht mit." ......................... 11

Jürgen von der Lippe – Beliebter Schüler mit Dachschaden ........... 14

Gerhard Schröder – Schüler mit Gerechtigkeitssinn ................... 17

Wolfgang Hilbig – Da will ich nicht hinein ............................ 22

Karl Lagerfeld – Vom sturen Esel zum Modezar ....................... 26

Glenn Gould – Beethoven statt Baseball ............................... 30

Thomas Bernhard – Krankhafter Widerwille gegen das Lernen ....... 33

Hildegard Knef – Fräulein Rosa ....................................... 38

Peter Ustinov – Tölpelhaft und komisch .............................. 41

Édith Piaf – Straßen- statt Schulweisheit ............................ 43

Berthold Beitz – „... im Ganzen genügend." .......................... 46

Erwin Strittmatter – Nichtsnutz mit Bäckerambitionen ............... 49

Marion Gräfin Dönhoff – Diktat mit 33 Fehlern ...................... 52

Samuel Beckett – Schmierfink-Sam ................................... 55

Hannah Arendt – Frühstück statt Griechisch .......................... 58

Erika Mann – Zeugnis für die Diele ................................... 61

Bertold Brecht – Cowboyallüren ...................................... 64

Erich Kästner – Kein fliegendes Klassenzimmer ...................... 67

Carl Zuckmayer – Schule – ein Stück von mir ........................ 71

Hans Fallada – Kummer der Eltern .................................... 73

Kurt Tucholsky – Langeweile am Lackstiefel-Gymnasium ............ 80

Carl Brandt – Von der Schule zum Zwiebackbäcker ................... 83

Alban Berg – Disharmonien in der Schule ............................. 85

Coco Chanel – No 5 ................................................... 88

Franz Kafka – Beim Abitur geschwindelt ............................... 91

Stefan Zweig – Gefangener im Klassenzimmer ....................... 95

Albert Einstein – Alles relativ ........................................... 99

Lise Meitner – Lernen um zu begreifen ............................... 103

Alfred Döblin – Auf den Schulboden gespuckt ....................... 106

Robert Walser – Musterschüler und Teufelslehrling ................. 109

Hermann Hesse – Weltschmerz und Geistesverwirrung ............. 112

Rainer Maria Rilke – Mythos Schulzeit ............................... 116

Thomas Mann – Die Stunden absitzen ................................. 121

Melitta Bentz – Karriere mit Löschblatt ............................... 125

Rosa Luxemburg – Quotenschülerin mit Fleiß ....................... 127

Johann Jacobs – Dorfschüler mit Geschmackssinn .................. 131

Else-Lasker Schüler – „... nicht außergewöhnlich dumm." ......... 133

Marie Curie – Keine Angst vor Noten und Strahlung ................ 138

Hermann Löns – Doktorarbeit am Bahnhof verloren ................ 143

Henry Ford – Ideen wie am Fließband ................................ 148

Gerhart Hauptmann – Schwacher Sextaner .......................... 151

Robert Bosch – Kein Sitzfleisch ....................................... 155

Gustav Mahler – Verträumt und selbstherrlich ....................... 158

Thomas Alva Edison – Licht an für ein Genie ........................ 161

Matthias Hohner – Bilderbuchkarriere ohne Schulnoten ............ 164

Wilhelm Busch – „Es saust der Stock, es schwirrt die Rute." ........ 166

Heinrich Schliemann – Mit Homer auf großer Fahrt ................. 170

Werner Siemens – „... rechnet ohne alle Form." ..................... 174

Alfred Krupp – Hochofen statt Schule ................................ 179


Anhang

Abbildungslegenden ................................................... 181

Abbildungsnachweis ................................................... 183

# Vorwort

Noten sind relativ und pralle Schulgeschichten gibt es viele. Doch wie sieht es mit den Schulbiografien berühmter Frauen und Männer aus? Gerade von ihnen wüsste man gerne mehr. Wie sah ihr Schultag aus, und waren sie tatsächlich Musterschüler mit besonderen Talenten und Fähigkeiten? Waren sie damals schon die kleinen Genies, deren Namen heute jeder kennt? Denn wer weiß schon, dass Thomas Mann kein Abitur hatte, Bertold Brecht fast von der Schule flog und Albert Einstein seine Erzieher zur Weißglut brachte? Und wer glaubt, nur Einserkandidaten schaffen den Aufstieg, liegt ebenfalls daneben. Dennoch werden in unserer Gesellschaft Bildungsdebatten in aller Härte geführt. Es geht schließlich um nichts anderes als um die Zukunft unserer Kinder. Doch wird man damit den Wünschen und Vorstellungen der Kinder gerecht? Und bleibt da noch Zeit für Unbeschwertheit, Fröhlichkeit und Spaß – vielleicht sogar Spaß an der Schule?

Es geht auch anders, davon berichten die Schulbiografien berühmter Leute. Schnell wird klar: Schule ist zwar kein Zuckerschlecken – damals wie heute –, aber auch die schlechten Noten müssen kein dauerhaftes Unglück sein. Bildung ist nicht nur eindimensional und eingleisig als Wissensbildung zu sehen. Nicht nur ein guter Notendurchschnitt und eine gute Hochschulbildung zeichnen einen Menschen aus. Zu einer ausgereiften Persönlichkeit gehören auch Empathie und soziale Verantwortung. Der Volksmund nennt das Herzensbildung; in seiner modernen Übersetzung als „emotionale Intelligenz" ist diese heute mehr denn je gefragt.

„Emotionale Intelligenz" kann nicht an Schulen oder Universitäten gelehrt werden. Sie ist wohl eher ein Baustein des Lebens, gemacht aus einer Vielzahl von Materialien. Den Kindern einfach einmal Vertrauen entgegenbringen und Zeit geben, sich zu einer Persönlichkeit zu entwickeln, wäre eine Möglichkeit. Unsere großen Geister, die in der Schule auch nicht immer die großen Leuchten waren, haben es vorgemacht. Sie haben durch ihre besonderen Fähigkeiten und Leistungen doch noch reüssiert, sind bekannt und berühmt geworden. Viel Spaß schon mal beim Lesen.

Roland Leonhardt

# Lang Lang

*1982 chin. Pianist

## Klaviervirtuose mit Kriegerseele

Die Familie seines Vaters bestand aus Grundbesitzern, denen man während der Revolution nicht über den Weg traute. So wurde seine Mutter mit ihren drei Brüdern dem Vater entrissen und musste auf einem Bauernhof arbeiten. Die Brüder wurden in anderen, teils entfernteren Dörfern untergebracht. Unter ihnen war sogar ein Sänger an der Pekingoper. Er soll nach Langs Aussage sehr begabt gewesen sein. Eine musikalische Ader muss es also innerhalb der Familie gegeben haben. Da wundert es nicht, dass Lang Lang schon mit neun Jahren Werke von Chopin und Liszt auf dem Klavier spielen konnte. Im Grunde sei seine Mutter eine Künstlerin gewesen, die es aber aufgrund ungünstiger Verhältnisse nicht schaffte, ihr Talent zur Entfaltung zu bringen. Nun wolle er mit aller Macht für seine Mutter eintreten und ihr mit seiner Begabung, seiner Bedeutung und seinem Ruhm Genugtuung verschaffen. Das hatte sich Lang Lang schon als Kind vorgenommen. Es ist ihm geglückt. Angefangen hatte sein Interesse an der westlichen Kultur nicht an den Kulturgrößen wie Beethoven, Bach oder Brahms, sondern schlicht an zwei Comic-Figuren: *Tom und Jerry*. Die Zeichentrickfilme begeisterten zunächst den jungen Menschen. Doch das sollte sich eines Tages ändern, als er von den Eltern ein Klavier geschenk bekommen hat. Noch zaghaft strich er über die Tasten, alles am Klavier blitzte und strahlte in schwarz und weiß und machte einen ungeheuren Eindruck auf ihn. Es zog ihn sofort in den Bann, und seitdem sollte er nicht davon loskommen. Dennoch sah er sich weiterhin Filme von *Tom und Jerry* an und entdeckte dabei einen Film, indem das Klavier eine große Rolle spielte. Wie er später herausfand, handelte es sich in dieser Episode um die Ungarische Rhapsodie Nr. 2 von Franz Liszt. Darin gewann mal wieder die Maus und präsentierte sich am Ende als begnadete Künstlerin. Das Publikum im Zeichentrickfilm applaudierte. Für Lang Lang enthielt der Zeichentrickfilm, so lustig und komisch er auch war, den Hinweis, dass Musik und Kampf zusammengehören, und auch er sich diesem Kampf stellen wolle. So bedeutete der nun regelmäßige Klavierunterricht auch ein Kampfgeschehen mit vielerlei Streichen. Selbst die Wettbewerbe, die er noch zu bestehen hatte, sah er unter dem Aspekt des Kampfes, eines Kampfes um die besten Töne und Interpretationen. Ist aus Lang Lang also ein Krieger geworden?! Ja, aber was für ein Krieger! Diese Art von Kampfgeist verlangt jedoch Übung, Konzentration, Disziplin und Ausdauer. Attribute einer Kriegerseele, die sich Lang Lang erst noch aneignen musste. Von anderen Kindern hörte er immer wieder die Zurufe *„Lang Lang ist ein Angeber."* Das lag wohl auch daran, dass er den Ehrgeiz entwickelte immer perfekter zu spielen, sich auch an schwierige Partituren heranzuwagen. Eine Wohltat war ihm hingegen das Zusammensein mit der Familie. Anfangs wohnte er noch in einer Kaserne mit anderen Familien zusammen. Darunter auch Familien mit künstlerischen Ambitionen. Und so wurde bald daraus eine große Künstlerfamilie, in der gemeinsam musiziert, gesungen, gelacht und gespielt wurde. Mit der Zeit spielte Lang Lang immer besser, und so wollte man ihm eine Musiklehrerin zur Seite stellen. In der Lehrerin Professor Zhu Ya-Fen fand man eine kompetente Persönlichkeit, die schon bald das große Talent, das in ihm steckte, erkannte und aus ihm einen ansehnlichen Pianisten machen wollte. Nun hieß die Parole üben, üben, üben … Als er ihr das erste Mal vorspielen musste, erstarrte er fast zu Eis. Doch schon nach kurzer Zeit verschwand seine Beklemmung, denn er erkannte in ihr eine zarte, verständnisvolle und hingebungsvolle Frau, die es gut mit ihm meinte und in der Lage war, sein Können zu fördern. ‚Du bist begabt', gab sie ihm zu verstehen, und damit war der Grundstein für den gemeinsamen Musikunterricht gelegt. Als sein Vater von der Professorin wissen wollte, ob sein Sohn auch genügend Talent habe und sich der Einsatz lohne, soll sie ohne Umschweife erklärt haben, dass er ein großes Talent habe. Der Vater blickte darauf hoffnungsvoll in ihr Gesicht und sagte ihr frei heraus, dass er die Nummer Eins werden müsse – in China und auf der ganzen Welt. Wie alle Menschen, die während der Kulturrevolution ihre Pläne und Wünsche zurückstellen mussten, übertrug nun der Vater seine Hoffnungen, Ziele und Vorstellungen auf den Sohn. Professor Zhu Ya-Fen hatte Verständnis für das Anliegen des Vaters, auch wenn ihr die Hoffnungen übertrieben und das erklärte Ziel unerreichbar erschien, warnte ihn aber auch, seinen Sohn nicht zu überfordern, denn Kinder bräuchten ein gerüttelt Maß an Ablenkung und Erholung. Doch sein Vater gab nicht nach und verlangte, dass er schwierigere Stücke spielen müsse. Sie solle es ihm ja nicht allzu leicht machen, mahnte er an. Möglicherweise könnte er sonst seine Zukunft verspielen. Mit diesen Ermahnungen musste Frau Zhu leben, sie änderte aber nichts an ihrem Unterricht, blieb weiterhin geduldsam und gelassen. Lang Lang sollte von ihrer lebensklugen Einstellung profitieren; er lernte bei ihr viel für sein Leben. Anders als die meisten Chinesen, die bei allem was sie tun immer nur gewinnen wollen, hatte sie ein Gespür für die stete Entwicklung, Reife und Vollendung ihres Schülers. Bei Lang Lang sollte sie sich nicht täuschen. Aber auch sein Vater behielt mit seiner Beharrlichkeit auf Sieg und Gewinn Recht. Wahrscheinlich machten beide Kontrahenten das Wunder Lang Lang möglich. Heute spielt der Künstler auf allen Bühnen der Welt. Wo immer er auftritt, werden seine Konzerte gefeiert. Presse und Publikum sind sich einig, dass es sich bei ihm um einen Ausnahmekünstler handelt. Ausnahmepersönlichkeiten bedürfen jedoch der besonderen Zuwendung und Pflege, sie sind nicht in einer Schublade unterzubringen. Dass ihm dabei nichts in den Schoß fallen würde, dass er vor allem kämpfen musste, ohne sich dabei zu verausgaben oder gar zu scheitern, war ihm schon früh bewusst. Und *Tom und Jerry* hatten ihren Anteil daran.

**Literaturnachweis:**

Lang, Lang / Ritz, David, *Musik ist meine Sprache. Die Geschichte meines Lebens. Autobiografie*, Ullstein Buchverlage Berlin 2008, insb. S. 40.

# Martin Schulz

*1955 dt. Politiker

## „ ... das mach ich nicht mit"*

Vielleicht hätte es geholfen, mehr Zeit beim Nachhilfeunterricht als auf dem Fußballplatz zu verbringen. Doch hinterher ist man immer klüger. Schulz blieb als Schüler lieber auf dem Fußballplatz und träumte von einer Fußballerkarriere – wie so viele Jungs in seinem Alter. Dieser Traum war jedoch bald ausgeträumt und die harte Realität holte den Spätentwickler ein. Beim Fußballspielen verletzte er sich zweimal schwer am Knie und musste seine große Leidenschaft aufgeben. Aus Verzweiflung darüber fing er an zu trinken und scheiterte damit nicht nur auf dem Spielfeld, sondern auch in der Schule. Als Gymnasiast fiel er bei der Nachprüfung im Wiederholungsjahr durch. Dennoch glaubte er von sich zu wissen, dass er nicht dumm sei, und nur deshalb mit den naturwissenschaftlichen Fächern Probleme habe, weil er da konkret werden müsse. Dies traf in vollem Umfang zu. Wo es aber weniger konkret zuging und wo Nachfragen, Zweifel und selbständiges Denken gefordert waren, schien er mit Interesse dabei zu sein. Dies waren vorzugsweise die Fächer Philosophie und Geschichte. Ein Faible hatte er für Sprachen, und wie sich herausstellte, sollte das für seine Laufbahn als Europa-Politiker von größtem Nutzen sein. Überhaupt war Politik im Hause Schulz eine feste Größe. Die Mutter verpasste im Fernsehen und Radio kaum eine Parlamentsdebatte, und natürlich wurde auch der politische Teil in den Tageszeitungen studiert und debattiert. Die völlig politisierte Familie war aber zweigeteilt, so neigte die Mutter mit ihren politischen Ansichten zur CDU, während der Vater den Sozialdemokraten nahestand. Es gab also am Frühstückstisch und beim Abendessen heftige politische Auseinandersetzungen. Dies färbte auf den Jungen ab, der überdies ein Lesesüchtiger war und dessen Lieblingsautoren John Steinbeck und Georges Simenon hießen. Politisch wurde bald Willy Brandt zu seinem großen Vorbild. Doch zurück zur Schule. Sein Mathematiklehrer Degenhardt, mit dem er zusammen Fußball spielte, erzählte einmal in fröhlicher Runde – da war Schulz bereits Bürgermeister von Würselen – dass er nicht bereit gewesen wäre, eine von ihm gestellte Mathematikaufgabe, zu lösen. Auch nicht ansatzweise. Als Schulz die Aufgabenblätter vor sich liegen sah, wurde er kreidebleich und kam zu dem Entschluss, dass er dies nicht mitmachen wolle. Cool schrieb er in sein Klassenheft, dass er, was Form, Umfang und Schwierigkeitsgrad beträfe, sich außer Stande sähe an der Mathematikarbeit teilzunehmen. Professor Degenhardt antwortete gleichermaßen knapp und cool: *„Ungenügend. Degenhardt"* (Kopeing 2016, S. 74). Inzwischen ist Martin Schulz ein geachteter Politiker und so findet sich dieses Klassenheft noch immer im stolzen Besitz der Schule. In der Tat, Schulz war kein dummer Junge. Zuhause vertiefte er sich in die Biografie von Joachim Fest über Adolf Hitler und weckte damit sein großes Interesse am Dritten Reich. Darüber hinaus begann er sich politisch zu engagieren. So wurde er 1972 Schulsprecher in einer Schülergruppe der Jusos und zudem auch noch Wahlhelfer von Willy Brandt. In dieser Zeit, wo sein Engagement für die Politik entflammte, ließen seine Leistungen auf dem Gymnasium nach. Die letzten Monate brachte er nur so durch und machte keine Anstrengungen, sich zu verbessern: *„Die Lehrer waren mir alle egal, die konnten mir erzählen, was sie wollten."* (Kopeing 2016, S. 75) Martin Schulz scheiterte am Gymnasium, es wurde ihm nur die Mittlere Reife zuerkannt. Der Direktor der Schule war deshalb nicht ohne Sorge. Er sagte zu ihm: *„Du bist ja nicht blöd"*, und besorgte ihm eine Ausbildungsstelle als Buchhändler. Es war jene Buchhandlung, die seine Schule mit Büchern belieferte. Die bekannte Buchhandlung in Aachen war eine gute Adresse. Er begann also dort eine Buchhändlerlehre zu machen, die er nach zweieinhalb Jahren erfolgreich beendete. Die Ausbildung sei hart gewesen, sagt Schulz rückblickend, denn damals gab es noch keine Computer, die die Arbeit des Buchhändlers erleichterten. Wieder dem Alkohol verfallen, verlor Schulz jeglichen Halt und damit auch seine Anstellung bei einem Kunstbuch-Verlag sowie einer Medienagentur. Mit Hilfe eines guten Freundes gelang es ihm, vom Alkohol loszukommen. Dieser gute Freund gab Schulz die Möglichkeit, in seinem Haus eine Buchhandlung zu eröffnen. Für ihn als Jungbuchhändler eine einmalige Chance. Er nahm das Angebot an, denn auch die Miete war kalkulierbar und fair. Mit einem Existenzgründungsdarlehen und einem zinslosen Kredit gelang ihm der Neustart ins Leben. In Würselen begann denn auch seine politische Karriere als Spitzenpolitiker. Als eines Tages der Bürgermeister zu ihm kam und anfragte, ob er bereit sei sein Amt zu übernehmen, willigte er ein. Schulz wurde mit 31 Jahren der jüngste Bürgermeister in Nordrhein-Westfalen. Danach begann eine beispiellose Polit-Karriere. Schulz wurde Präsident des Europäischen Parlaments und danach Kanzlerkandidat. Im Jahr 2015 bekam Martin Schulz für seine Verdienste um die Einheit Europas den Karlspreis der Stadt Aachen. Als Schulz nach seinen Vorbildern gefragt wurde, nannte er neben Willy Brandt auch seinen Aachener Buchhändler, bei dem er seine Ausbildung machte. Dieser gab ihm am Ende der Lehrzeit folgende Worte mit auf den Weg: Eine große Bildung nützt nichts, wenn es an Herzensbildung fehlt. Diesen Ratschlag hat Schulz sich zu Eigen gemacht. *„Heute weiß ich, was mir dieser Mann vermitteln wollte: Alles wissen dieser Erde nützt dir nichts, wenn du nicht weißt, damit umzugehen."* (Kopeing 2016, S. 69)

**Literaturnachweis:**

Kopeing, Margaretha, *Martin Schulz – vom Buchhändler zum Mann für Europa*, Czernin Verlag Wien 2016, insb. S. *74; 69, 74 f.

# Jürgen von der Lippe

*1948 dt. Fernsehmoderator
und Entertainer

## Beliebter Schüler mit Dachschaden

Nun ja, mit seinem Vater konnte er auf dem Gymnasium nicht gerade punkten, der war nämlich Barkeeper in einer Striptease-Bar. Während seine Mitschüler aus Bankiers- und Unternehmerfamilien mit ihrem bildungsbürgerlichen Gehabe deutliche Abgrenzung zu ihm pflegten, versuchte er so gut es ging mitzuhalten. Immerhin konnten sich seine Noten sehen lassen. Zudem hatte er einen Lehrer gefunden, der nicht nur ein ausgezeichneter Pädagoge, sondern gleichzeitig auch Hobby-Förster war und ihm das Füttern der Tiere beibrachte. Zum Glück ist es aber nicht nur dabei geblieben. Hans-Jürgen Hubert Dohrenkamp wurde am 8. Juni 1948 in Bad Salzuflen geboren. Er stammt aus kleinbürgerlichen Verhältnissen. Die Eltern hatten den Anspruch, ihrem Sohn eine gute Bildung angedeihen zu lassen, Abitur und Studium eingeschlossen. Also legte sich der schüchterne Hans-Jürgen so richtig ins Zeug, um seine Eltern nicht zu enttäuschen. Doch es gab neben diesem Lehrer mit den Försterambitionen auch noch andere Lehrer-Exemplare, die ihn mehr an Sadisten erinnerten und ihm quälende Schulstunden bereiteten. Da gab es z. B. auch einen Musiklehrer, der ihm den Zugang zur Klassischen Musik verstellte, was er ihm bis heute vorwirft. Und natürlich gab es auch Fächer, in denen Jürgen von der Lippe (so sein späterer Künstlername) versagte, darunter Erdkunde und naturwissenschaftliche Fächer. Hatte aber Jürgen von der Lippe erst einmal Sympathien zu einem Lehrer gefunden, so tat er alles, um diesen mit Höchstleistungen zu beeindrucken. Sportlich empfand er sich als Niete, so gelang es ihm erst während der Gymnasialzeit das Schwimmen zu erlernen. Und auch da fand er einen ausgezeichneten Lehrer, der ihm die Angst vor dem Untergehen nahm und ihm die ersten Schwimmversuche beibrachte. Allerdings machte ihm der Sprung vom 3-Meter-Brett doch sehr zu schaffen. Er hatte Höhenangst und zitterte wie ein Fisch am Angelhaken. Als ihm der Lehrer eine Zwei versprach, wagte er den Sprung ins Ungewisse. War etwa Jürgen von der Lippe abhängig von den Autoritäten und deren Zustimmung? Litt er gar an einer Persönlichkeitsstörung? Nun, er konnte darüber nur spekulieren und meinte, bereits erfolgreich im Showgeschäft angekommen: „*Wir haben alle einen kleinen Dachschaden und den verstärkten Wunsch nach Selbstdarstellung.*" (Domzalski 2018, S. 114) Diese Einstellung ist typisch für einen Histrioniker (so die Fachbezeichnung), der nach Aufmerksamkeit, Lob und Anerkennung strebt. Und davon konnte Jürgen von der Lippe nie genug bekommen, auch damals schon in der Schule nicht. Deshalb der gewagte Sprung vom 3-Meter-Brett. Am Ende, so hoffte er, würde er nicht nur den Sprung überleben, sondern auch die Anerkennung seines Lehrers finden. Ansonsten war Jürgen von der Lippe kein Schüler, der sich mit den anderen Klassenkameraden anlegte oder sie gar provozierte. Schulhofraufereien waren ihm fremd, er wäre in ihnen auch unterlegen gewesen. Er war ein beliebter Schüler, andererseits aber ein schwächlicher Junge, sodass man es vermied ihn zu provozieren und zu verdreschen. Von der Lippe war ein Vielleser, der jedes greifbare Buch verschlang. Darin machte sich der Einfluss seines Deutschlehrers, Herr Emonds, bemerkbar. Emonds förderte die Leselust des Gymnasiasten, gab Tipps und Ratschläge. Doch auch Prinz-Eisenherz-Filme und Ausflüge in die Eifel nahm er gerne als willkommene Abwechslung vom Schulalltag in Anspruch. Er war damals schon ein Tausendsassa, den es nach der Schule erst einmal zur Bundeswehr zog, um dann als Bundeswehroffizier mit anerkannter Ausbildung Erwachsene zu unterrichten. Klar, dass für ihn ein Studium in Germanistik, Philosophie und Linguistik infrage kam und damit eine Berufsoption als Journalist oder auf ein Lehramt. Letzteres geriet ihm dann aber wieder aus dem Blick, denn Lippe konnte sich nicht gerade für demotivierte, pubertierende Schüler begeistern. Nein, er strebte woanders hin, und zwar auf die Bühne. All die kleinen Alltags- und Schulgeschichten, die er erlebt hatte, flossen nun in seine Bühnenprogramme ein. Er glaubte damit reüssieren zu können. Die Rechnung ging auf. Von der Lippe's Talent hatte sich Geltung verschafft und ihm eine vielseitige Bühnen- und Fernsehkarriere beschert. Jener Künstler, aus dem vielleicht auch ein guter Lehrer geworden wäre, sprach im Jahr 2016 auf dem Weiterbildungstag folgende Worte: „*Jede Form von Bildung nützt. Sie muss nicht unbedingt Geld bringen, sie kann etwas Schöneres, nämlich glücklich machen, denn sie erhöht die Lebensqualität, sie ermöglicht interessantere Gespräche, sie ist der einzige Weg, Menschen mit anderem kulturellen Hintergrund besser zu verstehen [...]. Ich habe sechs Jahre Altgriechisch gelernt, in meinem aktuellen Comedyprogramm rezitiere ich den Anfang von Homers Odyssee und es funktioniert. Für mich als Komiker ist Weiterbildung täglich Brot, und das Schönste: Es schmeckt auch noch wunderbar!"* (Domzalski 2018, S. 144) Wer hätte wohl darauf keinen Appetit?!

**Literaturnachweis:**

Domzalski, Oliver, *Jürgen von der Lippe,* kurz & bündig Verlag Frankfurt a. Main 2018, insb. S. 114, 144.

# Gerhard Schröder
*1944 dt. Politiker

## Schüler mit Gerechtigkeitssinn

Als Gerhard Schröder die Volksschule von Bexten im Jahr 1950 besuchte, war der Rohrstock noch nicht aus der Schule verbannt. Noch immer gab es Lehrer, die sich der schwarzen Pädagogik verpflichtet fühlten und deshalb hin und wieder zum Rohrstock griffen. So ist es jedenfalls einem Mitschüler ergangen. Der Bauernsohn beklagte sich bei seinem Vater darüber. Der machte sich am nächsten Tag auf den Weg zur Schule, um es dem Prügler seines Sohnes in gleicher Weise heimzuzahlen. Recht so, dachte sich Schröder, dessen Gerechtigkeitssinn schon damals ausgeprägt war. Von da an war es für ihn selbstverständlich, Partei für die Benachteiligten zu ergreifen. In den ersten Schuljahren von Gerhard Schröder lief alles glatt. Das Entlassungszeugnis im Jahr 1958 bescheinigt dem Schüler gute Noten. Schröder las schon in der Volksschule viel. Neben Karl May auch Bücher von Erich Kästner und Mark Twain. Er war in der Schule unauffällig, sodass Mutter und Stiefvater zufrieden sein konnten. Obwohl die Familie eher zu den Bildungsfernen gezählt werden muss (*„bei uns zuhause wurde nicht gesungen, gemalt und gelesen"*) (Schöllgen 2015, S. 31), versuchte die Mutter durch eine gewisse Ordnung für Stabilität zu sorgen und den Kindern Halt und Zuversicht zu geben. Die kleinen Verhältnisse ließen keine großen Sprünge zu, und so waren auch die Hobbys und Freizeitbeschäftigungen von Schröder sehr bescheiden. Wohl deshalb galt Fußball seinem Hauptinteresse. Ansonsten gab es im Haushalt der Schröders weder einen Fernsehapparat noch einen Fotoapparat, dazu reichte einfach das Geld nicht. Die Mutter trug mit Putzgelegenheiten zum Haushaltsgeld bei. Vom Stiefvater, den er als sehr fürsorglich in Erinnerung haben sollte, war kein Zuverdienst zu erwarten. Der Mann ging häufig fremd, erkrankte später an Tuberkulose und wurde arbeitsunfähig. Trotz dieser bescheidenen Verhältnisse packte der Junge die Volksschule gut. Es gab für ihn weder Zorn noch Bitterkeit auf die Volksschule. Als Schröder bereits Ministerpräsident von Niedersachsen war und das Thema Gesamtschule diskutiert wurde, war er ein Befürworter der guten alten Dorfschule: *„Es ist wichtig, dass Kinder die ersten Schritte in die Schule im heimatlichen Dorf machen."* (Schöllgen 2015, S. 31) Wahrscheinlich ist ihm dabei das Gleichheitsprinzip in den Sinn gekommen, denn die Volksschule mache zunächst alle Schüler gleich, egal aus welchem Milieu sie kommen. Gerhard Schröder wollte sich allerdings nicht mit den Grenzen, die einem wie ihm vorgegeben sind, abfinden. Zunächst vaterlos aufgewachsen (sein Vater blieb im Krieg verschollen), lernte er sich durchzubeißen und zu kämpfen, Grenzen zu überwinden und niemals aufzugeben. Tugenden, die er bis in seine Kanzlerschaft hinein pflegte. Dem Aufsteiger wuchsen in jungen Jahren die Flügel nicht schnell genug. Doch noch war viel zu leisten, vor allem aber musste er, wenn er weiterkommen wollte, über eine gute Schulbildung verfügen. Ohne Anstrengung, das war ihm klar, würde dies nicht gehen. Diese Einsicht kommt bei Schülern aus seinem Milieu nicht häufig vor, wohl auch deshalb, weil ihnen die häusliche Unterstützung fehlt. So scheitern diese Schüler schon häufig in der Schule. Aus Schröder wurde nicht nur ein guter Fußballspieler, sondern auch ein guter Schüler mit Durchsetzungswillen und Siegermentalität. Schröder war jedoch Realist, und so wollte er weder Pilot noch Kapitän werden, sondern einfach nur Kaufmann. Dieser Berufswunsch schien ihm erreichbar zu sein, zumal er mit dem Lehrlingsgeld auch die Mutter unterstützen konnte. Anders als bei den glücklicheren Umständen Willy Brandts, gelang es ihm nicht aufs Gymnasium zu kommen, obwohl er dafür eine Lehrerempfehlung bekam. Wie so oft sprachen die familiären und ökonomischen Verhältnisse dagegen. So blieb man lieber beim Bewährten: Lehre und Beruf als materielle Basis einer kleinbürgerlichen Existenz. Gerhard Schröder wollte aus diesem Regelwerk ausbrechen und ließ kein gutes Haar an den drei Ausbildungsjahren, die er in der Abteilung für Glas, Porzellan, Haushalt und Spielwaren zubringen musste. Immerhin bekam er zum Abschluss einen Kaufmannsgehilfenbrief und ein gutes Zeugnis seines Lehrmeisters ausgehändigt. Darin wird ihm Fleiß und Ehrlichkeit bescheinigt, außerdem habe er die Arbeiten stets zur Zufriedenheit ausgeführt. Zu den Arbeiten gehörte neben den verkäuferischen Tätigkeiten auch die Schaufensterdekoration. Gute Noten erhielt er auch von der Kaufmännischen Berufsschule in Lemgo. Nun stand einer Karriere im Einzelhandel nichts mehr im Wege. Schröder genügte dies aber nicht, er wollte mehr, und dazu brauchte er das Abitur. Vorerst musste er sich jedoch mit seiner Ausbildung begnügen und eine Anstellung bei der Fa. Meier-Tönnies im Lager beginnen. Als Verkäufer für Werkzeuge, Eisenwaren, Beschläge, Haushaltswaren und Küchengeräte war er nicht besonders glücklich, zumal ihm Größeres vorschwebte. Nach neun Monaten schmiss Schröder hin. Im Arbeitszeugnis wurde ihm bescheinigt, dass er sich *„große Mühe gegeben habe, die ihm übertragenen Arbeiten zufriedenstellend zu erledigen und wir können ihn anderen Betrieben unserer Branche bestens empfehlen."* (Schöllgen 2015, S. 55) Kein schlechtes Zeugnis für einen eher lustlosen Mitarbeiter. Zu dieser Zeit ist Gerhard Schröder siebzehn Jahre alt und in Aufbruchsstimmung, als es ihn nach Göttingen zieht. Das beschauliche Landleben wollte er hinter sich lassen und einen Neuanfang wagen. Wieder nimmt er eine Stelle als Verkäufer für Baubeschläge an, aber er kommt auch zum ersten Mal in seinem Leben mit der Politik in Kontakt. Die alte Universitätsstadt war ein guter Nährboden für ein linkes studentisches Publikum. Den Jungsozialisten fühlte er sich in seinen politischen Ansichten am nächsten. Der Wechsel vom Land zur Stadt wurde für ihn eine einschneidende Erfahrung. Im Umkreis des studentischen Milieus, der höheren Schulen und der Universität keimte in ihm der Wunsch zu einer höheren Schulbildung auf. Er mochte genauso redegewandt auftreten und treffsicher argumentieren wie seine politischen Freunde. Schröder wollte den anderen ebenbürtig entgegentreten. Wenn er ernst genommen werden wollte, musste er ihre Sprache sprechen und auf gleichem Bildungsniveau agieren. Dass Wissen Macht bedeutet, wurde ihm schon früh bewusst, und so war sein Ziel einen höheren Bildungsabschluss zu erlangen vorrangig. Als einen Verbündeten und Förderer konnte er seinen ehemaligen Pfarrer gewinnen, der ihn einst konfirmiert hatte. Wollte er es bis zum Abitur bringen, musste er erst einmal die mittlere Reife ablegen. Ein langer Weg lag vor ihm. Der Pfarrer beschaffte ihm ein Stipendium, und so konnte Schröder bald die Abend-kurse eines Göttinger Lehrinstituts besuchen. Dass der zweite Bildungs-weg kein Zuckerschlecken sein würde, war ihm bewusst, dennoch beschritt er den Ochsenweg zur Macht beharrlich. Später traten Kritiker auf, die ihm gerade diesen Weg vorhielten und damit seinen Aufstieg schmälern wollten. Er musste sich zuweilen Häme und Herablassung ge-fallen lassen. Dennoch verdient sein steiniger Weg Respekt, war er doch im Grunde auf sich allein gestellt. Ein gutbürgerliches Elternhaus, das ihn unterstützte, gab es nicht. Schröder legte im März 1964 die Prüfung zur Mittleren Reife vor dem Ausschuss des Regierungspräsidenten in Hildes-heim mit guten Noten ab. Ein „ausreichend" erhielt er lediglich in den Fächern Mathematik und Englisch. Zum Wehrdienst wurde er, da es eine Sonderregelung für Halb- und Vollwaisen gab, nicht einberufen. Die Ge-fahr einer unliebsamen Unterbrechung bestand also nicht. Gleichzeitig trat das politische Interesse des bald Achtzehnjährigen wieder in den Vor-dergrund. Er meldete seine Mitgliedschaft in der SPD an. Ohne sein Hauptziel, das Abitur, aus den Augen zu verlieren, nahm er an politischen Veranstaltungen teil. Schröder setzte sich mit dem Programm der Partei auseinander. Das Abitur wollte er nun an einem Kolleg in Siegen nachho-len. Dazu musste er seine Arbeitsstelle kündigen. Außerdem musste er eine Aufnahmeprüfung ablegen und ein Empfehlungsschreiben des Insti-tuts für Erziehung und Unterricht vorlegen. Doch in Siegen blieb er nicht lange. Familiäre Gründe machten einen Wechsel an das *Westfalen Kolleg* in Bielefeld notwendig. Sein Stiefvater wurde zunehmend kränklicher, sodass die Nähe zum Elternhaus zwingender wurde. Kaum ein Jahr später verstarb sein Stiefvater an einem Lungenleiden. Der starke Wille von Schröder, einmal Anwalt zu werden, gab ihm Kraft und Mut zum Weiter-machen. An den Besuch des *Westfalen Kolleg* erinnert sich Schröder gerne. Selbst der Hausmeister der Schule kam gut mit ihm zurecht. Als Bundeskanzler lud er ihn einmal zu einer Tasse Kaffee ein. Im Gespräch wurde von beiden so manche Anekdote erzählt. Schröder war sich seiner Herkunft immer bewusst, weshalb er keine Berührungsängste mit den kleinen Leuten hatte. Im Oktober 1966 konnte Schröder sein Abiturzeug-nis in Händen halten. Für ihn ein umwerfendes Gefühl. Endlich hatte er es geschafft, nun stand einem Studium nichts mehr im Wege. Aber wie sollte dieses finanziert werden, das war jetzt die auschlaggebende Frage. Viele Eltern – teilweise heute noch – scheuten ein langes Studium ihrer

Kinder. Der finanzielle Kraftakt und die fehlende Unterstützung der Kinder machten ein solches Vorhaben oft zunichte. Dies wollte gut überlegt sein, und so entschieden sich Kinder wie Eltern aus den Arbeiter- und unteren Angestelltenschichten häufig für eine berufliche Ausbildung mit schnellen Verdienstmöglichkeiten. Schröder hatte durch seine politische Ausrichtung jedoch vorgesorgt und Kontakte zur Friedrich-Ebert-Stiftung geknüpft. Ein Volkswirt der Stiftung erkannte in Schröder einen ernsten und zielgerichteten Charakter, den er mit den Worten beschrieb: *„Er hat als Persönlichkeit auf mich einen ausgesprochen netten, fast ausgeglichenen etwas vorsichtig abwägenden und recht ernsthaften Eindruck gemacht."* Selbst die Professoren bescheinigten *„Herr stud.jur. Gerhard Schröder"* als einen, *„der im Mündlichen am intensivsten mitarbeitete"* (Schöllgen 2015, S. 45) und durch überdurchschnittliche Leistungen hervorgetreten ist. Eine Begabtenförderung war ihm damit sicher. Nebenbei arbeitete Schröder in den Semesterferien auf dem Lande und konnte damit ein wenig zu seinem Lebensunterhalt beitragen. Der Rest ist schnell erzählt. Gerhard Schröder bestand seine Examina mit halbwegs guten, jedoch nicht ausgezeichneten Noten. Seine Klausurarbeiten, so heißt es, habe er „durch gute Argumentation" untermauert, welche ihn als einen guten Juristen auswiesen. Der Strafrechtler Hans-Ludwig Schreiber nannte Schröder *„einen überdurchschnittlich befähigten, sachlich engagierten Juristen […] der zu wissenschaftlichem Arbeiten uneingeschränkt in der Lage ist."* (Schöllgen 2015, S. 47) Schröder erhielt ein Graduierten-Stipendium. Aus seiner Doktorarbeit, die er nun anstrebte, wurde jedoch nichts, da das Thema bereits abgehandelt wurde. Immer mehr zog es ihn zur Politik hin, er engagierte sich zunehmend in der Partei, nahm Positionen und Ämter ein und brachte es schließlich zum Bundeskanzler der Bundesrepublik Deutschland. Ein einmaliger und außergewöhnlicher Aufstieg, den es so noch nicht in diesem Lande gegeben hat. Schröder war am Ziel seiner Pläne, seiner Träume.

**Literaturnachweis:**

Schöllgen, Gregor, *Gerhard Schröder – Die Biographie*, Deutsche Verlags-Anstalt München 2015, insb. S. 31, 45, 47, 55.

# Wolfgang Hilbig

1941–2007 dt. Schriftsteller

## Da will ich nicht hinein

Hier gefiele es ihm nicht, da wolle er nicht hineingehen, sagte der kleine Wolfgang gleich nach dem ersten Schultag zu seiner Mutter. Der spätere Büchner-Preisträger hatte es nie leicht im Leben gehabt, und schon gar nicht in der Schule. Unterstützung von der Familie erhielt er kaum, war doch sein Vater vor Stalingrad gefallen und seine Mutter mit den Alltagsnöten in der Kriegs- und Nachkriegszeit beschäftigt. Das Kind war sich weitgehend selbst überlassen. Lediglich sein Großvater kümmerte sich um ihn, der aber weder richtig schreiben noch lesen konnte. Geboren in einem kleinen Dorf in Polen, sprach der Mann zuweilen besser Polnisch oder Russisch als Deutsch. Bücher waren im Hause Hilbig keine vorhanden und vorgelesen wurde ihm auch nicht. Für eine klassische Bildungskarriere waren dies keine guten Voraussetzungen; überdies war für ihn auch eine solche nicht vorgesehen. Er sollte, wie alle seine Vorfahren, Arbeiter werden und etwas „Richtiges" lernen. Mit sieben Jahren wurde er im Herbst 1948 in der *Erich-Mäder-Schule* in Meuselwitz (Thüringen) eingeschult. Wie bei seinem großen Vorbild Kafka befand sich alles in seiner Nähe. Für den Weg von der Wohnung bis zur Schule, brauchte er rund fünf Minuten. Der Weg war überschaubar und sicher. Wolfgang fügte sich in den Unterricht ein, ihm wurde rege Teilnahme und ein tadelloses Verhalten bescheinigt. Das erste Schuljahr brachte für den Jungen nur erfreuliche Resultate und so war auch seine Mutter stolz und erleichtert.

Auch das zweite Schuljahr war für ihn noch einigermaßen erfolgreich. Gute Noten erhielt er in Rechtschreibung, Lesen und Rechnen, etwas holprig war dagegen seine Handschrift. Hier wurde er angehalten sich zu verbessern. Ansonsten sei er ein intelligenter Schüler, der interessiert am Unterricht teilnehme, so die Aussage seiner Lehrer. Damit konnten alle zufrieden sein. Er war zu dieser Zeit noch kein Störenfried, kein Schüler der aneckte oder ermahnt werden musste. Alles lief wie selbstverständlich, es bestand kein Grund zur Sorge. Doch mit den fortschreitenden Jahren fiel der Junge durch sein problematisches Verhalten, durch seine Unruhe und zunehmende Konzentrationsschwäche auf. Er soll sich oft flegelhaft gegenüber seinen Mitschülern verhalten haben. Sollte sich sein anfangs geäußerter Unmut hinsichtlich der Schule also doch bestätigen? Der Gang zur Schule wurde für ihn immer mehr zur Tortur, der er sich am liebsten entzogen hätte. Schon in der dritten und vierten Klasse musste er oft getadelt, sein Verhalten korrigiert und seine Leistungsbereitschaft stets aufs Neue angemahnt werden. Früh schon regte sich sein inneres Wesen, das mit allerlei Phantastereien ausgestattet war. An konzentrierte Hausarbeiten war nicht zu denken. Im Endjahreszeugnis der sechsten Klasse hieß es denn auch, dass er fast nie Hausaufgaben anfertige. Was trieb jenen Schüler um, der sich selbst eingestehen musste hartnäckig schlecht zu lernen? Sollte dieses Eingeständnis etwa eine Kehrtwende auslösen? Es blieb wie es war, der Junge lernte nur noch unter Mühen. Kaum ein Zeugnis ohne Vermerk, dass Fleiß und Mitarbeit zu wünschen übrig lassen. Wolfgang sei faul, hieß es immer wieder. Aber wie sollte sich etwas ändern, wenn der Junge sich selbst überlassen blieb? Auf seine Mutter konnte er nicht zählen, sie war Verkäuferin im nahen Konsum, musste nachmittags und auch bis spät in den Abend hinein die Regale füllen. Daneben galt es die Kunden zu bedienen und Kasse und Laden abzuschließen. Da war abends keine Zeit mehr für gemeinsame Hausaufgaben. Frühmorgens sah es nicht besser aus, alles musste schnell gehen, denn bald würden die ersten Kunden vor der Ladentür stehen. Geld für Nachhilfeunterricht oder Betreuung war ebenfalls nicht vorhanden. Trotz der Fürsorge des Arbeiter- und Bauernstaates der Deutschen Demokratischen Republik blieben viele Kinder aus der Arbeiterschaft auf der Strecke. Jedenfalls steckten die Anfänge einer breiten schulischen Grundversorgung in der DDR noch in den Kinderschuhen. Zwar gab es überall Kindertagesstätten und Aufbewahrungshorte für die Kinder aus der Arbeiterschaft, nicht aber oder nur unzureichend eine qualitativ aus-gerichtete Frühförderung. Individuelle Betreuung wie sie bei dem heran-wachsenden Wolfgang Hilbig wünschenswert gewesen wäre, war nicht vorhanden. Im Fach Deutsch brachte Hilbig gute Leistungen zustande, denn zum Dichter berufen, würde das Schreiben bald zu seiner Hauptbe-schäftigung gehören. Es waren nicht seine Lehrer, die sein Schreibtalent erkannten, sondern ein Meuselwitzer Pfarrer, für den er eine Strafarbeit zu schreiben hatte. In einer späteren Rückschau schrieb der Dichter über jene Zeit, er sei der Einzige gewesen, der tatsächlich etwas geschrieben habe und sei es nur vom Durchzug Israels durch das Rote Meer. Das jedoch hatte auf den Pfarrer großen Eindruck gemacht und so fragte er Wolfgang, ob er denn Schriftsteller werden wolle. Eine Aussage wie ein Signal, dass Hilbig ernst nahm. Um seine Phantasie auszuleben, zog er sich in die umliegenden Wälder zurück. Oft streifte er allein über Felder und Waldwege, verirrte sich zuweilen und verlor dabei jegliches Zeitge-fühl, so dass er erst kurz vor Anbruch der Dämmerung nachhause kam. Dann setzte er sich an den Küchentisch und schrieb – angeregt von den Cowboy- und Wildwestheften – seine eigenen Abenteuergeschichten nie-der. Dabei geschah es hin und wieder, dass er es mit dem Copyright nicht so genau nahm und Teile des Angelesenen in seine Geschichten einbaute. Manchmal schrieb er auch die Fortsetzungsgeschichte zu einem vergrif-fenen Heft einfach weiter. Rasend schnell kursierten die Geschichten von Schüler zu Schüler, aber auch einige Lehrer lasen sie mit Verwunderung und Erstaunen. Dennoch schien niemand sein schriftstellerisches Talent wahrzunehmen. Der Junge erkannte seine Begabung und seinen Drang zum Schreiben hingegen recht bald. In einer Erzählung von Hilbig heißt es vom Protagonisten, er lerne hartnäckig schlecht und sei stets in seiner Gedankenwelt versunken. Ihn daraus zu entreißen sei auch mit Ermah-nungen und Strafen bisher nicht gelungen.

Der Schüler Wolfgang Hilbig, der immer mehr in seinen Leistungen zu-rückfiel, isolierte sich auch von seinen Schulkameraden. Der Junge war oft von früh bis spät allein in der Wohnung, ihm fehlte offenbar eine helfende Hand, die ihm sagte, was getan werden musste und wohin er gehen sollte. Und so hat er sich ganz seiner Phantasie und dem Schreiben hingege-ben. Das Schreiben ist ein Teil seines körperlichen Ausdrucks geworden. Und schrieb er einmal nicht, machte sich Frust und Anspannung breit. Vielleicht war es der Sport, der – wenn auch nicht in vollem Umfang –

zumindest für einen Ausgleich sorgte. An dieser Selbsteinschätzung wird die ganze Misere, aber auch die wahre Passion des Heranwachsenden, deutlich. Das Ziel einer freien Schriftstellerexistenz war schon früh in seinem Kopf. Nach acht Schuljahren verließ Wolfgang Hilbig die Schule und begann eine Lehre als Bohrwerksdreher in einem der hiesigen Industriebetriebe. Auch der Betrieb befand sich in der Nähe seiner Wohnung und konnte mit wenigen Schritten erreicht werden. Eine Lehre zu beginnen war für ein Arbeiterkind in der DDR der typische Weg in die Berufswelt, eine andere Ausrichtung oder Zielsetzung war nicht vorgesehen. Und so begann für Hilbig, der sich seiner Schriftstellerexistenz immer sicherer wurde, ein Doppelleben. Es blieb ihm also nichts anderes übrig, als sich in sein Schicksal zu fügen. Die Lehrjahre empfand er als einen Weg in die Einsamkeit. Nach ersten Erprobungen vor einem kleineren Publikum, dem er seine Texte vortrug, gewann er als Autor immer mehr Selbstsicherheit. Selbstbewusst (wenn auch nie ganz zufrieden mit seinen Texten) kontaktierte er Verlage und Literaturvermittler. So kam es auch zu Kontakten im Westen und damit zum S. Fischer Verlag, der bis dato seine Werke herausgibt. Es stellte sich schon bald heraus, dass Hilbig zu den sprachmächtigsten Schriftstellern seiner Zeit gezählt wurde und namhafte literarische Preise gewann. Darunter den renommierten Ingeborg-Bachmann- und Georg-Büchner-Preis. Nun war er endlich angekommen, sein Name war überall in den Medien präsent. Er wurde zu Lesungen und Fernsehauftritten eingeladen und bei Literaturtreffen hymnisch gefeiert. Wer hätte gedacht, dass einem Bohrwerksdreher, Heizer und Abräumer in Ausflugslokalen ein solcher Sprung gelingen würde? Gewiss ein Sonderfall und ein Einzelschicksal, aber auch eine Sternstunde für die Literatur. Heute erinnert eine Gedenktafel vor dem Schulgebäude an den berühmten Schriftsteller, der einst zu seiner Mutter sagte, er wolle dort nicht mehr hineingehen …

**Literaturnachweis:**

Franzlik, Margret, *Erinnerung an Wolfgang Hilbig*, TRANSIT Buchverlag Berlin 2014, insb. S. 38.

Opitz, Michael, *Wolfgang Hilbig. Eine Biographie*, S. Fischer Verlag Frankfurt a. Main 2017, insb. S. 126, 131 f.

# Karl Lagerfeld

1933–2019 dt.-franz. Modeschöpfer
und Fotograf

## Vom sturen Esel zum Modezar

Es war für ihn von vornherein klar, dass er zum König, nein, zum Modezar bestimmt sei. Doch ein Königsweg war für Karl Lagerfeld zunächst nicht angelegt. Gar als Dummkopf bezeichnete ihn sein Onkel, da war er zehn Jahre alt, als er auf einem Spaziergang nach dem Dichter Freiligrath befragt wurde, an dessen Straßenschild man gerade vorbeiging. Lagerfeld musste passen. Zur Mutter des kleinen Karl sagte der Onkel, dass ihr Sohn ein Dummkopf sei und nicht die geringste Erziehung genossen hätte. Das sei allein ihre Schuld. Später gestand Karl seine Bildungsdefizite ein, denn tatsächlich wusste er nichts über den Dichter Freiligrath zu sagen, er hatte auch in der Schule nichts von ihm gehört. Aber der Onkel schimpfte weiter, indem er Karl als total ungebildet bezeichnete und als schlecht erzogen vorführte. Mutter und Sohn waren gleichermaßen über das Urteil des Onkels empört. Immerhin bekam der Onkel mit 90 das Bundesverdienstkreuz, war also auch damals schon nicht irgendwer. Für Karl Lagerfeld wurde der Onkel zum Vorbild. Aufgewachsen ist Karl mit seiner Schwester Christiane auf dem Gutshof Bissenmoor, wo es richtig anzupacken galt. Doch mit dem Anpacken tat sich Karl schwer, und so musste seine Schwester das Melken der Kühe übernehmen. Sie hatte wohl Talent dazu. Überhaupt war er gegenüber seiner Schwester faul und egoistisch. Es wird vielfach behauptet, Lagerfeld habe sich das Lesen selbst beigebracht. Eine Legende? Lagerfeld dementierte das jedenfalls nicht. Er habe bereits als kleiner Knirps mit dem Lesen der Nibelungensage begonnen. Und da wenig andere Bücher auf dem Lande vorhanden waren, las er die Novelle *Beatrice* von Honoré de Balzac auf Französisch gleich mit. Neben dem Lesen beschäftigte sich Lagerfeld mit dem Zeichnen, und so gelang es ihm, dass er beim Besuch der *Jürgen-Fahlendorf-Schule* 1943 keine Panzersperren bauen musste, um seine Hände zu schonen. Man hatte Verständnis für sein Anliegen, auch weil er im Zeichnen immer die besten Noten erhielt. Schon damals stach er unter den anderen Schülern in Aussehen und Auftritt hervor. So saß er einmal während des Unterrichts mit einem Feldstecher auf der Schulbank. Sein zeichnerisches Talent fiel auch seinem Lieblingslehrer Heinz-Helmut Schulz auf, der später selbst als Maler reüssieren sollte. Schulz war aufgefallen, dass Karl schon sehr früh künstlerisch eigenständig zu arbeiten begann. So bearbeitete er Fotos, indem er die Kleidung der Leute veränderte oder künstlerisch ausschmückte. Daraufhin gab ihm sein Lehrer Anweisungen, Dinge aus der Natur zu zeichnen. Mit diesem Lehrer, der schon früh Lagerfeld's Talent erkannte, blieb er auch später noch in Kontakt. Doch nicht bei allen kam Lagerfeld gut an, es gab Schulkameraden die ihn für hochnäsig hielten und gar mit Prügel drohten. So kam es, dass er sich Begleitschutz zulegen musste. Diese Aufgabe übernahmen meist ältere Schüler, die er mit besonderen „Dienstleistungen" entlohnte. Dies konnten sein Lateinbuch oder die Karl-May-Ausgaben sein, die er vollständig sein Eigen nennen durfte. Auch Rektor Hans-Otto Jarren fand den Auftritt des Schülers exzentrisch. Karl habe eine leichtfranzösische Art gehabt, er sei klug gewesen; man konnte sich gut mit ihm unterhalten. Auffallend sei außerdem gewesen, dass er noch in der größten Sommerhitze ein zugeknöpftes Hemd mit Krawatte trug. Was aber hat es mit dem Spitznamen Mule auf sich? Mule bedeutet Esel, und wer als Esel bezeichnet wird gilt allgemein als dumm. Handelte es sich bei ihm etwa um einen dummen und widerspenstigen Jungen, der eselsgleich seine Runden auf dem Schulhof drehte? Nein, so war es denn auch nicht gemeint. Vielmehr sah Rektor Hans-Otto Jarren in Karl Lagerfeld einen sturen Schüler, dem nicht leicht beizukommen war. Selbst gegen das Haareschneiden sträubte sich der Heranwachsende. Einmal sammelte die Klasse Geld, danach wurde Karl gewaltsam zum Friseur geschleppt. Ob dies alles tatsächlich so abgelaufen ist, mag dahingestellt sein, plausibel wäre es. Zuhause auf dem Dachboden hockte er stundenlang und sah sich die Cartoons im *Simplicissimus* an. Beeindruckt von den Karikaturen, den fratzenhaften Gesichtern und bissigen Zeichnungen, erhielt er erste Anregungen. Zum Glück war die Hungersnot während der Kriegsjahre nicht allzu groß, denn man befand sich auf dem Lande und war mit dem Notwendigsten versorgt. Lediglich an Buntstiften mangelte es. Aber auch da zeigte sich Lagerfeld erfinderisch: für die Farbe Schwarz nahm er Kohle, für Rot Ziegelkrümel und aus gepressten Fliederblüten zauberte er die Farbe Lila hervor. Neben dem Zeichnen versuchte sich Lagerfeld am Klavier, doch schien er keine musikalische Ader zu haben. Als er sich wieder einmal an das häusliche Klavier setzte und die Tastatur berührte, schlug seine Mutter den Deckel auf seine Finger und raunte, er solle lieber zeichnen statt musizieren. Das würde weniger Lärm machen. Recht hatte sie, denn aus dem gescheiterten Klavierspieler wäre nie ein Klaviervirtuose geworden. Seine Bestimmung war das Zeichnen und die Mode. In seinen Karikaturen nahm er manchmal auch seine Lehrer aufs Korn. Die Mitschüler hatten ihren Spaß an der Karikatur. Ob den Lehrern auch zum Schmunzeln zumute war, bleibt ein Geheimnis. Ebenso wenig war Lagerfeld Sportler. Zumindest versuchte er eine gute Figur zu machen und sich möglichst unbeschadet durchzuhangeln. Allerdings ging es auch dabei nicht ohne Mogelei zu. So verabredete er mit einem Mitschüler, ihn beim Boxen nicht ernsthaft zu treffen, er würde schon von alleine umfallen. Er wusste sich eben alles in seinem Sinne einzurichten, damals schon. Auch sonst war Karl kein übereifriger Schüler. Wenn er mal keine Lust auf den Schulunterricht hatte, suchte er nach einer handfesten Begründung, und fand sie meist auch. So simulierte er derart geschickt eine Kinderlähmung, dass er sich eine halbe Stunde nicht bewegte. Erst als ihm seine Mutter eine Ohrfeige gab, war seine Lähmung weg. Half auch das nicht, schrieb er sich selbst krank. Kreativ war Karl Lagerfeld schon immer – und hatte Erfolg damit. Wenig Unterstützung erhielt er von zuhause. Die Mutter war der Meinung, dass er die Zusammenhänge kennen müsse, alles andere aber im Lexikon stehe. Überhaupt sei Lagerfeld, wie er in einem Interview gestand, mit seinem Schwadronieren immer durchgekommen. Was den Schulerfolg von Karl betraf, zeigte sich die Familie unbekümmert. Seine Mutter sprach nie bei den Lehrern vor, um sich nach dessen Leistungen zu erkundigen. Im Gegenteil, sie blieb gegenüber der Lehrerschaft cool und skeptisch. Als sie nach dem Krieg zufällig einen Lehrer auf der Straße traf, konnte sich dieser eine herablassende Bemerkung gegenüber ihrem Sohn nicht verkneifen. Er grinste sie an und gab ihr zu verstehen, dass er sich freue sie anzutreffen, da sie ja sonst nie in der Schule erscheine. Bei dieser Gelegenheit, so der Lehrer, solle sie ihrem Sohn doch bitte ausrichten, er möge wieder einmal zum Friseur gehen. Die Haare seien doch außerordentlich lang. Aufgrund dieser Bemerkung standen wiederum Karls Mutter die Haare zu Berge, sie fragte ihn verwundert, ob er denn noch immer ein Nazi sei. Damit war der Fall geklärt. Diese Art von Schlagfertigkeit sollte auch den Sohn weiterbringen. Als die Familie von Bad Brahmstedt nach Hamburg umzog, weigerte sich Lagerfeld dort die Schule zu besuchen. Stattdessen zog es ihn mit aller Macht nach Paris, der Stadt seiner Träume. Was daraus wurde, ist Vielen bekannt. Aus dem Kind, dem die Mutter einst mit den Worten *„Du bist faul, hast keinen Ehrgeiz, bemühst dich nicht, aus dir etwas zu machen"* (Sahner 2009, S. 90) drohte, wurde der Modezar Karl Lagerfeld. Auch Mütter können irren.

**Literaturnachweis:**

Sahner, Paul, *Karl* (2. Auflage) mvg Verlag München 2009, insb. S. 47 f., 68, 77, 79, 90.

# Glenn Gould

1932–1982 kan. Pianist und Komponist

## Beethoven statt Baseball

Falsche Noten ließ sie nicht durchgehen, griff sofort ein und ließ ihren Sohn die richtigen Noten noch einmal nachspielen. So lange, bis er es konnte. Darin war Florence Gould unerbittlich. Sie war immer dabei, wenn ihr Sohn sich nach der Schule ans Klavier setzte. Ihrem absoluten Gehör ist es zu verdanken, dass Glenn Gould zu dem wurde, was die Musikwelt ein Genie nennt. Allerdings hat Gould sein Talent meist nur im Tonstudio ausgelebt, öffentliche Auftritte waren eher selten. Will man die Ursache dafür ergründen, so könnte die abgeschlossene häusliche Atmosphäre, die zwischen Mutter und Sohn herrschte, als Begründung dienen. Gould sprach denn auch von einer *„gebärmutterähnlichen Geborgenheit"* (Stegemann 2002, S. 17), die er in jenen Stunden empfand und verwies dabei – nicht ohne Koketterie – auf die Studien von Sigmund Freud. Eine solche Geborgenheit wäre in einem Konzertsaal kaum möglich. Er sei von Anfang an Autodidakt gewesen und ein Selfmademan im Musikgeschäft. Da ist etwas dran, und es stimmt auch, dass sein Vater ihm einen schallisolierten Raum einrichtete, der das ungestörte Klavierspielen bis spät in die Nacht ermöglichte. Kaum war er fünf Jahre alt, sprach er davon Komponist zu werden. Ahnten die Eltern vielleicht damals schon eine Wunderkind-Karriere? Vermutlich, denn anders ließe sich ihre Entscheidung, Glenn im schulpflichtigen Alter nur vormittags in die Schule zu schicken und den Nachmittag ausschließlich der Musik vorzubehalten, nicht erklären. Der Schulweg war für ihn kein Leichtes, und so benötigte er immer den Segen Gottes dazu. Gerne besuchte er die Kirchen von Toronto, wo er an den sonntäglichen Abendgottesdiensten teilnahm, die bemalten Kirchenfenster bewunderte und den Segen des Pfarrers empfing. Mit diesen Eindrücken konnte er dann gestärkt in die neue Woche gehen. Konsequent wurde diese Zweiteilung fortgesetzt: vormittags Schulunterricht, nachmittags Musikstunden. Dies hatte die Mutter mit dem Schuldirektor ausgehandelt. Die fehlenden Unterrichtsstunden, wurde dem Direktor versichert, würde man durch Privatunterricht am frühen Abend ausgleichen. Zum Glück konnten sich die Goulds einen Hauslehrer leisten, und so hing Glenn dem Schulstoff nicht nach. So weit, so gut. Aber ließen sich mit dieser exklusiven Zweiteilung des Schulunterrichts auch Schulkameraden finden? Wohl eher nicht, aber das war Gould, dessen Musikbesessenheit im Vordergrund stand, auch egal. Er isolierte sich zunehmend und konzentrierte sich einzig und allein auf seine Musikstunden am Nachmittag. Überhaupt war der Schulbesuch eine unglückliche Zeit für ihn. Natürlich lag es auch an Glenn, der sich nur mit wenigen Lehrern und Mitschülern gut verstand. Alle anderen waren ihm nicht so wichtig. Statt mit seinen Schulkameraden Hockey zu spielen, setzte er sich lieber ans Klavier. Glenn Gould blieb ein Leben lang Einzelgänger; sein Außenseitertum war Legende. Auch seine Marotten, Spleens und Absonderlichkeiten gehörten dazu. Die Leichtfüßigkeit, mit der andere Kinder herumrannten, spielten und Albernheiten betrieben, war ihm fremd. Sein Hang zur Abschottung, Isolation und Absonderung dagegen groß. Ihm näherzukommen war fast unmöglich, er scheute die körperliche Nähe genauso wie den oberflächlichen Small-Talk mit Fremden. Der zum Autismus neigende Schüler hatte nicht nur Kontaktschwierigkeiten, er war auch kein guter Spielkamerad, traute sich nichts zu und trat, wenn es darauf ankam, immer den Rückzug an. Seine Cousine Jessie Greig erinnerte sich, als er sieben Jahre alt war und sie zusammen mit ihrem Bruder das Murmelspiel übte. Glenn stand unschlüssig daneben, die Hände in den Hosentaschen. Dann fragte er beide, ob er es auch einmal probieren dürfe. Daraufhin versuchte er auf dem kalten Boden die Murmeln in Bewegung zu setzen, doch sofort zog er seine Hand wieder zurück und meinte, dass er es nicht könne. Anders hingegen die Schilderung seines Vaters, der Glenn als ein aufgewecktes und zu Späßen neigendes Kind aufzeigte, das sich genauso normal verhielt wie die anderen Kinder.

Doch dem war nicht so. Ebenso wenig stimmt die Aussage des Vaters, dass Glenn nie glücklicher war, als wenn er mit seinen vielen Freunden Freizeitaktivitäten unternahm. Das Bild eines normal heranwachsenden Jungen hält der Exzentrizität seiner Persönlichkeit nicht stand. In Wahrheit war Glenn weder an sportlicher Betätigung noch an witzigen Plaudereien mit seinen Schulkameraden interessiert. Er blieb in der Schule der große Außenseiter. Statt Basketball, Hockey oder Fußball las oder spielte er Stücke von Beethoven, Bach, Haydn und Chopin. Die Hände wollte er stets fürs Klavierspiel schonen, sodass grobe Sportarten ausschieden. Freude hatte er dagegen an den Tieren und plante sogar eine Oper zu schreiben, in der die Tiere einen angemessenen Platz erhalten sollten. Trotz der Liebe zu den Tieren wurde aus ihm kein Vegetarier. Immerhin hinterließ er dem Tierschutzverein ein Großteil seines Vermögens. Inzwischen spielte Glenn immer besser und überforderte seine Mutter so sehr, dass sie ihn zur Aufnahmeprüfung am *Conservatory of Music* in Toronto anmeldete. Dort überraschte der Siebeneinhalbjährige mit einer glänzenden Aufnahmeprüfung die Fachleute. Das Ergebnis und die Noten fielen überdurchschnittlich aus. Dafür bekam er sogar eine silberne Medaille, was in der Provinz Ontario eine hohe Auszeichnung war. Wann genau er sein Musikstudium begann, ist heute nur noch schwer zu sagen. Der Mythos Gould beseelt noch immer die Musikwelt. Die Mär von einer unglücklichen Kindheit, die nur dem Klavierspiel, den Zwängen und Anforderungen der Eltern, Schule und Lehrern gegolten habe, ist ebenso wenig haltbar wie die des vom Ehrgeiz geplagten Wunderkindes. Und so hatte er über seine glückliche Kindheit nie Zweifel gehabt. Zwar war er ein Einzelkind gewesen, dass von den Eltern verwöhnt und dessen Wille stets respektiert wurde, geschadet habe es ihm aber nicht. In mancherlei Hinsicht war er eben doch ein Kind der Natur. Ein glückliches Kind. Und ein Kind der Musik!

**Literaturnachweis:**

Stegemann, Michael, *Glenn Gould*, Piper Verlag München 2002, insb. S. 17, 20 f., 24.

Bazzana, Kevin, *Glenn Gould – die Biografie*, Schott Verlag Mainz 2006.

# Thomas Bernhard

1931–1989 österr. Schriftsteller

## Krankhafter Widerwille gegen das Lernen

„*Ich hatte das Gefühl, einer der größten menschlichen Sinnlosigkeiten zu entgehen, dem Gymnasium, entkommen zu sein*" (Bernhard 2004, S. 114), schrieb Thomas Bernhard in seinem autobiografischen Werk *Der Keller*. Tatsächlich war die Schulzeit des großen Schriftstellers ein einziges Desaster. Gewiss, der Krieg und die Nachkriegszeit spielten eine Rolle, die unglücklichen Zeitumstände, aber auch das Herkunftsmilieu des kränklichen Kindes. Aus einem bäuerlichen Umfeld kommend, das aus Bauern, kleinen Händlern und Handwerkern bestand, darunter auch Analphabeten, war nicht abzusehen, dass aus ihren Reihen einmal ein großer Dichter hervorgehen würde. Der Anfang seiner Schulzeit war jedoch verheißungsvoll, sodass sich der Dichter auch noch Jahrzehnte später daran erinnern konnte: „*Am Ende des ersten Schuljahres stand auf dem Zeugnis, unterstrichen, hat einen besonderen Fleiß. Ich wusste selbst nicht, wie ich dazu kam. Ich hatte lauter Einser, das erste und gleichzeitig auch das letzte Mal in meinem Leben.*" (Mittermayer 2015, S. 42) Die Lehrerin, die er von seiner Schulbank aus beobachtete, und wahrscheinlich auch anhimmelte, war nur eine Springerin, die an verschiedenen Schulen eingesetzt wurde. Sie hinterließ bei ihm aber positive Eindrücke, die sich jedoch wieder schnell unter der Vorherrschaft der männlichen Kollegen auflösten. Geradezu rabiat sollen die Erziehungs- und Unterrichtsmethoden der Lehrer gewesen sein. Und so gab der kleine Bub aus dem Salzburger Land das Lernen nach kurzer Zeit wieder auf. Er hatte nur knapp den Sprung in die zweite Klasse geschafft. Somit kündigte sich schon frühzeitig das schulische Desaster an. Im Dezember 1937 siedelte die Familie nach Traunstein ins Bayerische um. Die ökonomischen Gründe dürften der ausschlaggebende Grund gewesen sein. Hier hatte sein Stiefvater eine Anstellung als Friseurgehilfe gefunden. Die Familie bezog eine Wohnung bei den Poschingers. Im Hause Poschinger hörte er zum ersten Mal Klaviermusik. Beide Töchter der Familie, Elli und Maria Poschinger, übten sehr oft am Klavier, sodass sie bei dem Jungen einen ungeheuren Zauber bewirkten. Der Wunsch, sich der Musik zuzuwenden und selbst einmal zu musizieren, entstand wohl hier. Ein Erlebnis, das Folgen hatte. Doch zunächst musste er weiter die Volksschule in Traunstein besuchen. In seinem Großvater, dem Schriftsteller Johannes Freumbichler, fand Bernhard einen verständnisvollen Mentor, der den Jungen schon früh förderte und sein Talent erkannte. Er war es aber auch, der Thomas den Nationalsozialisten und deren Bewegung „Jungvolk", später Hitlerjugend, anvertraute. Ausschlaggebend für diesen Schritt dürften wohl das Außenseitertum und die einzelgängerischen Abwege des Jungen gewesen sein. Der Großvater machte sich Sorgen um die Entwicklung und Sozialisation seines Enkelkindes. Zwar sollte aus ihm ein Geistesmensch mit ansehnlichen Talenten werden, aber kein Misanthrop und Menschenverächter. Der Besuch der Volksschule in Traunstein erwies sich als folgenschwer. Thomas Bernhard tat sich im Lernen noch immer schwer, so sei er *„im sprachlichen Ausdruck noch unbeholfen"* (Mittermayer 2015, S. 55), klagten die Lehrer. Ein anderer Lehrer meinte, Bernhard sei ein *„zu nervöser Schüler, meist unaufmerksam, geistesabwesend, braucht stets strenge Überwachung; könnte bei mehr Fleiß bessere Leistungen erzielen."* Es gab jedoch auch Zeiten, wo es besser klappte. So beurteilte der gleiche Lehrer den Schüler ein Jahr später mit den Worten: *„Bernhard ist ein blutarmer, bleichsüchtiger Knabe, zartgliedrig und sehr beweglich. Er kann sich wenig konzentrieren durch seine Flatterhaftigkeit. In letzter Zeit bemüht er sich eifrig im Unterricht und fertigte auch seine schriftlichen Arbeiten sorgfältig."* Als er in die siebte Klasse der Volksschule kam, hieß es, er sei *„immer zum Unfug bereit; braucht strenge Überwachung; sonst gutmütig und kameradschaftlich; will Lehrer werden."* Offensichtlich wollte es Bernhard als Lehrer besser machen, anders lässt sich sein Berufswunsch nicht erklären.

Doch ist er weder Lehrer noch Musiker geworden. Einerseits waren es die familiären Schwierigkeiten, anderseits seine schlechten Schulerfahrungen, die ihn immer mehr zum Außenseiter und damit zum Problemkind werden ließen. Er entwickelte sich zum Bettnässer, für den seine Mutter kaum Verständnis hatte. Statt nach den Gründen zu forschen, wie es die Mütter tun, nahm sie es einfach hin und schämte sich für ihren Sohn. Für Bernhard war es eine traumatische Zeit, und so schrieb der stigmatisierte und familiär ausgestoßene Schüler: „*Keine Nacht zuhause, ohne dass ich auf einem nassen Leintuch aufwachte, zutiefst erschrocken, wie sich denken lässt. Bettnässen hat seine Ursachen, aber davon hatte ich keine Ahnung.*" (Mittermayer 2015, S. 55) Wütend war nicht nur seine Mutter, die fast jeden Morgen das nasse Betttuch wechseln musste, auch er selbst fühlte sich schuldig, den Demütigungen seines Tuns ausgesetzt. Angst und Ohnmacht beschlichen ihn. Der Weg zu einem Arzt war nun unumgänglich geworden. Dieser ordnete den Aufenthalt in einem Erholungsheim an. In dem Gespräch mit dem Arzt vernahmen sie den Ortsnamen Saalfelden (Salzburger Land) und glaubten ihn dort gut aufgehoben zu wissen. Dies war ein Irrtum. Bernhard kam in ein nationalsozialistisches Heim für schwer erziehbare Kinder in Saalfelden nach Thüringen. Die Eltern hatten sich schlichtweg verhört. Eine fatale Entscheidung, wie sich bald herausstellte. Denn abgesehen von dem militärischen Drill, den Schikanen des Personals und den Reglementierungen, erlebte Bernhard dort nur Demütigungen und Herabwürdigungen, die sich in seiner Seele festbrennen sollten. Sein Vormund Emil Fabjan wurde zum Wehrdienst eingezogen. Jetzt musste sich der Großvater umso mehr um seinen dreizehnjährigen Enkel kümmern. Er entschloss sich, Thomas auf die *Staatliche Wirtschaftsaufbauschule* nach Passau zu bringen. Dort bestand er die Aufnahmeprüfung, wurde aber vom Großvater nach dem Abgang von der Traunsteiner Schule wieder ins Salzburgische geholt. Hier sollte er weiter die Schule besuchen. Scheinbar hatte der Großvater mit seinem Enkel andere, größere Pläne vor, denn er selbst empfand sich als Geistesmensch, Dichter und Schriftsteller. In diese Fußstapfen sollte auch sein Enkel treten, das war sein Wunsch. Deshalb war ein weiterer Schulbesuch notwendig. Im April 1944 hielt Thomas Bernhard in die Klasse 2a der Knabenhauptschule Salzburg Einzug.

Großvater Freumbichler war bestrebt, die künstlerischen Talente seines Enkels, die jetzt immer deutlicher wurden, zu fördern. So gelang es ihm,

Bernhard an der Musikhochschule unterzubringen, wo er in der Meisterklasse für Violine brillieren sollte. Hier wurde ihm von Georg Steiner, Primus des Mozarteum-Streichquartetts, ein „hochmusikalisches Gehör" attestiert. Bald verfiel Bernhard wieder in das alte Muster, er zeigte sich bockig, lernunwillig und unkonzentriert. *„Dessen krankhafter Widerwille gegen das Lernen im Allgemeinen machte jeden Fortschritt illusorisch"* (Mittermayer 2015, S. 55), so der spätere Kapellmeister Rudolf Brändle. Der eigenwillige Charakter Bernhards bildete sich immer mehr heraus und ließ oft nur ein Scheitern zu. Untergebracht war Thomas im Knabenasyl *Johanneum*, das unter kirchlicher Leitung stand. Auch hier litt Bernhard unter der rigorosen nationalsozialistischen Erziehung und spann Selbstmordgedanken. Der Aufenthalt wurde für ihn immer quälender, er fühlte sich seinem Schicksal ausgeliefert. Bald sollten die ersten Bombenangriffe auf Salzburg folgen, und so waren die Schüler bald länger in den sicheren Stollenanlagen als in der Schule untergebracht. Fürchterliche Dinge soll Bernhard in dieser Zeit erlebt haben. In seinen Erzählungen wird er später darüber berichten. Im Jahr 1945 wechselte er von der Hauptschule ins Staatsgymnasium am Grünmarkt. Wie nicht anders zu erwarten, fühlte er sich auch hier unwillkommen, von den anderen Schülern abgetrennt, fremd und einsam. Bernhard fühlte sich der Schülerschaft nicht zugehörig; er empfand seine Armut, die Art und Weise wie er auftrat und sich den anderen zeigte als Makel. Dabei kann es aber nicht nur an seiner Armut gelegen haben, denn während und nach dem Krieg gab es zahlreiche mittellose und arme Menschen. Seine Armut konnte man ihm nun wirklich nicht ankreiden. Ob Bernhard hier nicht etwa Legendenbildung in eigener Sache betreibt?! Könnte es vielleicht nicht vielmehr eine Überforderung des Lernstoffes gewesen sein, der den sowieso schon lernschwachen Schüler plagte und ihn damit zum Außenseiter machte? Anders als die Schüler aus bildungsbürgerlichen Verhältnissen hatte er enormen Nachholbedarf. Vielleicht ist ihm dieser peinvolle Umstand bewusst geworden und hat zu einer gewissen Verbitterung in ihm geführt. Allerdings ist es schon merkwürdig, dass ausgerechnet er für ein neues Bildungssystem eingetreten ist, das nur noch zwei Schulformen kennt: eine Ausbildungsschule für die breite Masse und eine Hochschule für die Elite. Wahrscheinlich zählte er sich – trotz seiner schwachen Leistungen – doch irgendwie zur Elite. Das Internat mit seinen sadistisch ausgeprägten Erziehungsmethoden war für ihn die Hölle. Inzwischen musste er nach einer Wiederholungsprüfung in Latein die 2. Klasse des Gymnasiums wiederholen. Besser wurde es aber nicht. Um ihm und seiner Familie ein weiteres schulisches Unglück zu ersparen, bereitete man den gescheiterten Gymnasialschüler auf einen Wechsel in die Berufsschule vor. Aber wieder einmal schob Bernhard sein Versagen dem Gymnasium, den Lehrern und den Verhältnissen in die Schuhe. *„Ich hatte das Gefühl, einer der größten menschlichen Sinnlosigkeiten, dem Gymnasium, entkommen zu sein. Plötzlich fühlte ich: meine Existenz ist wieder eine nützliche Existenz"* (Bernhard 2004, S. 114), schrieb er in der Erzählung *Der Keller*. Es waren deshalb nicht nur ökonomische Gründe, ihn vom Gymnasium zu nehmen, man zweifelte jetzt auch an seinen Fähigkeiten. Nun schien eine Kaufmannslehre bei einem Lebensmittelhändler die bessere Wahl zu sein. Bernhard willigte ein. Und so wurde mit einer Kaufmannslehre der Weg zu einem großen Weltliteraten gelegt.

**Literaturnachweis:**

Mittermayer, Manfred, *Thomas Bernhard – Eine Biografie*, Residenz Verlag GmbH 2015, insb. S. 42, 55, 57.

Bernhard, Thomas, *Die Autobiographie*, Suhrkamp Frankfurt a. Main 2004, insb. S. 114.

# Hildegard Knef

1925–2002 dt. Schauspielerin
und Chansonsängerin

## *Fräulein Rosa*

Eigentlich hieß sie Fräulein Weise, hatte einen weißen, fettigen Fischkopf und wässrige, flache Augen, die schnell und stechend jedes Gespräch mit ihr zum Verstummen bringen konnten. Ihr Spott war berüchtigt und gefürchtet, es konnte jeden treffen. Sie war Lehrerin wider Willen und hasste die Schulstunden ebenso sehr wie ihre Schüler. Zudem trug sie zu jeder Jahreszeit rosa Kleider, und immer für jedermann sichtbar das Parteiabzeichen der NSDAP. So jedenfalls karikiert Hildegard Knef ihre Klassenlehrerin. Sie lässt kein gutes Haar an ihr: „*Jeden Morgen betrat sie, ohne uns eines Blickes zu würdigen, die Klasse. Die Bänke waren zu klein für uns, und wir zerrten unsere Gebeine hervor, um Stramm dazustehen und Heil Hitler zu brüllen, mussten stehen bleiben, bis sie ein kreischendes Setzen zurückschrie.*" (Knef 2002, S. 15) Besonders Hildegard Knef hatte sie auf dem Kieker, und so schallte ihr Name immer wieder durch den Klassenraum: „Knef!" Instinktiv musste sie wohl gemerkt haben, dass Hildegard mit dem morgenlichen Appell nicht einverstanden war und sie auch sonst als stramme Parteigängerin ablehnte. Sie war deshalb nicht Freundin, sondern Feindin der Lehrerin. So nahm die Lehrerin jede Gelegenheit wahr, um Hildegard auf ihre Minderbegabung hinzuweisen und damit zu demütigen. Hildegard Knef war für sie von nun an ein Feindbild, das der Ordnung und Disziplin bedurfte. Umgekehrt hatte Hildegard den Eindruck, dass die Lehrerin ihre Ausbildung bei der Gestapo absolviert haben müsse, so vehement paukte sie die Fächer – Deutsch, Geographie, Französisch und Geschichte – durch. In ihrer Autobiographie lässt Hildegard Knef ihre Lehrerin als geschichtsversessenes Wesen erscheinen, das die Vorzüge des gegenwärtigen Regimes und die nordische Rasse als tatkräftigste preist. Die Biologiestunden bei „Fräulein Lerche" waren nicht viel besser. Bis heute, so gestand die Hildegard Knef einmal, könne sie kaum einen Nadelbaum von einem Laubbaum unterscheiden. Immerhin wurde den Schülern der richtige Umgang mit der Zahnbürste beigebracht: *„Fräulein Lerche war da eine dünne vertrocknete Lerche, die unablässig von der Wichtigkeit einer an der Luft getrockneten Zahnbürste sprach, täglich einmal, und die immer nervös an ihrer Oberlippe herumkaute mit ihren langen gelben Zähnen."* (Knef 2002, S. 16) Nicht weniger erfreulich war der Turnunterricht bei Fräulein Schulz, auch hier dominierte der nationalsozialistische Drill. Der *„verbackene Eierkuchen"*, wie sie die Turnlehrerin nannte, erschien stets *„mit schwabbeligen Beinen"*, die ihr *„die Aura eines tückischen"* Ringers gaben. Und natürlich durften die „Heil-Rufe" in der Turnhalle auch nicht fehlen. Überhaupt hatte sie mit ihrer *„rauen, bellenden Hundestimme"* die Schülerinnen im Griff. Es ging, so die Knef, „soldatisch" zu. Weniger soldatisch, aber nicht minder an fehlendem Taktgefühl, ging es beim Musikunterricht zu. Herr Rabe, so schildert Hildegard Knef ihren Musiklehrer nicht gerade schmeichelhaft, hatte eine Vorliebe für Carl Maria von Weber. Er selbst spielte Klavier wie ein *„Autofahrer in Gefahr"*, der verzweifelt hupte und *„rätselhafte Texte"* sang. Der musisch veranlagte Mann gab zudem auch einmal in der Woche Malunterricht. *„Es stand immer dieselbe trockene Geranie auf dem Katheder, die wir zeichnen sollten"*, erinnerte sie sich. Dabei *„rannte er mit Zirkel von Bank zu Bank und machte Vermessungsarbeiten wie ein Brückeningenieur."* (Knef 2002, S. 18) Dennoch bekam Hildegard Knef im Zeichnen eine Eins, was sie in ihrem Vorhaben, Malerin zu werden, bestärkte. Zuhause zeichnete sie wie besessen Mutter, Großvater und Tante Hulda. Mit diesen Porträtzeichnungen wollte sie bei Herrn Rabe reüssieren, kassierte aber die Bemerkung, sie solle den „Firlefanz" unterlassen und sich lieber dem Geschichts- und Französischunterricht zuwenden. Nachmittags war Handarbeitsunterricht angesagt und damit das Stricken von Socken für die Soldaten an der Front. Selbstverständlich wurden aber auch die Klassiker durchgenommen, Schillers *Wilhelm Tell* zum Beispiel. Als Hildegard Knef aufgefordert wurde, vor die Klasse zu treten und daraus etwas zum Besten zu geben, fielen ihr folgende Worte ein: *„Hier weicht Ihr mir nicht aus, er muss mich hören – Barmherzigkeit, Herr Landvogt, Gnade, Gnade."* (Knef 2002, S. 20) Anschließend ging die Knef in die Knie, es liefen ihr Tränen aus Nase und Augen. Ein fulminanter erster Auftritt der großen Schauspielerin! Das aber war bei der rosaroten Lehrerin mit dem Fischgesicht gar nicht gut angekommen. Sie verwies Hildegard auf die letzte Bank und warf ihr Hysterie und undeutsches Verhalten vor. Hinterher schämte sie sich für ihren Auftritt, vor allem auch deshalb, weil fast die ganze Klasse Zeuge dieses Schauspiels war. Ab diesem Tag war das Zusammentreffen mit der Lehrerin immer eine Qual, denn sie befürchtete, bei nächster Gelegenheit wieder in Tränen auszubrechen. Manchmal gab es auch nachmittags Kochunterricht. Da nicht viele Zutaten vorhanden waren, blieb es bei Graupen und Wasser. Als Hildegard Knef 15 Jahre alt war, musste sie sich entscheiden, das Abitur zu machen oder zum Arbeitsamt zu gehen, um sich für ein Pflichtjahr zum Arbeitsdienst zu melden. Hildegard zog es vor zu gehen. Immerhin legte sie die Prüfung zur mittleren Reife ab. Dabei wählte sie als Thema Albrecht Dürer (sie wollte ja Malerin werden) und schrieb ein Werk über ihn. Das in Schönschrift angefertigte Werk sei eine Genieleistung, glaubte sie, dass auch den Rektor überzeugen müsse. Fehlanzeige. Denn auch dabei kam ihr wieder die rosarote Lehrerin in die Quere, die meinte, Hildegard habe alles aus einem bekannten Dürer-Buch abgeschrieben, was auf einen schädlichen Charakter schließen lasse. Nun stellte gerade diese Lehrerin Hildegard die Frage (es war der letzte Schultag), was sie einmal werden wolle. Die Antwort kam ihr wie aus der Pistole heraus geschossen: Malerin! Darauf die Antwort der rosaroten Lehrerin, dass es so etwas auch geben müsse, und damit war Hildegard Knef aus der Schule entlassen. Wie wir wissen, ist aus Hildegard Knef keine Malerin geworden, sondern eine international bekannte und berühmte Filmschauspielerin, die dem deutschen Film zu hohem Ansehen verhalf. Die Diva wurde schließlich Hollywood-Star und deutsche Filmgeschichte und ist es bis heute geblieben.

**Literaturnachweis:**

Knef, Hildegard, *Der geschenkte Gaul – Bericht aus meinem Leben*, 5. Auflage, Ullstein Taschenbuchverlag München 2002, insb. S. 15 f., 18, 20.

# Peter Ustinov
1921–2004 brit. Schauspieler,
Autor und Regisseur

## Tölpelhaft und komisch

Die *Preparatory School* für Jungen war in der Londoner Stoane Street zuhause, hier musste Peter Ustinov jeden Tag zum Unterricht bei Mr. Gibbs antreten. Der alte Lehrer war von kräftiger Statur, immer gut aufgelegt, aber oft zerstreut. Wenn es ihn überfiel, sang er laut vor sich her und gab hin und wieder Kommentare wie *„Herrje, Usti-Wuusti [...] kann seine Schnürsenkel nicht binden"* von sich. An dieser Schule, so Ustinov in seinen Erinnerungen, *„lernte ich überleben, indem ich die tölpelhaften und komischen Seiten meiner Persönlichkeit betonte und meinen heimlichen Ehrgeiz aus Furcht, die von der Natur besser ausgestatteten Schüler herauszufordern, unterdrückte."* (Ustinov 2003, S. 65) Jedenfalls war die Zeit an der *Preparatory School* kein Höllenritt wie für viele andere Schüler, sondern eine höchst vergnügliche Angelegenheit, die nicht allzu viel von ihm abverlangte. Aber damit war ja seine Schulkarriere noch längst nicht beendet. Als weiterführende Schulen kamen nun die *St. Paul School* und *Westminster* in Frage. Er solle sich, so seine Eltern, für eine der beiden entscheiden. Nun musste er zwischen Strohhüten (die man auf der *St. Paul's* trug) und Zylinderhüten (*Westminster*) eine Entscheidung treffen. Kurz: nicht was man im Kopf hatte, sondern was man auf dem Kopf trug, entschied über die Zugehörigkeit zu einer Schule. Für Ustinov eine klare Sache, er entschied sich für die Zylinderschule und damit für eine exklusive Schule, die Stil und Format hatte. Physik, so behauptete

Peter Ustinov, sei für ihn immer ein Buch mit sieben Siegeln gewesen. Nicht nur weil ihm eine gewisse hypothetische Annahme unverständlich erschien, auch deren Ergebnisse waren für ihn eher belanglos. In Chemie war es nicht viel besser, da verursachte ihm schon der beißende Laborgeruch Übelkeit und Ablehnung. Als der Chemielehrer Earp zwei Substanzen im Reagenzglas mischte, kam es zur Explosion bei der mehrere Laborfenster zersprangen und die Schüler keuchend nach Luft schnappten. Wo aber war der Lehrer? Der tauchte nach einer Weile *„schwarz versengt und zerzaust"* (Ustinov 2003, S. 89) hinter dem Pult wieder auf und fragte die Schüler verdutzt: *„Was habe ich falsch gemacht?"* Gelächter ging durch den Klassenraum, und damit war der Chemieunterricht fürs Erste beendet. Wie die Nachwelt weiß, ist aus Ustinov kein Chemiker oder Physiker geworden. Peter Ustinov war kein Feigling, aber Prüfungsangst hatte er allemal. Um das *School Certificate* zu erreichen, musste man allerhand aufbieten, auch in den naturwissenschaftlichen Fächern und in Mathematik. Und genau darin haperte es bei ihm. Seitens der Familie erhielt er kaum Schützenhilfe, war doch sein Vater gerade mit dem Schreiben eines Romans beschäftigt. Also musste er sich schulmäßig allein durchwursteln. Nebenbei versuchte sich der Schüler Ustinov am Stückeschreiben, was im Mathematikunterricht gründlich misslang, denn er wurde dabei immer ertappt und zum Nachsitzen verdonnert. So schlug er sich also mehr oder weniger erfolgreich durch die Schulzeit hindurch, bis er endlich in einer Schauspielschule aufgenommen wurde. Es war unverkennbar, dass sein Bestreben Richtung Theater und Schauspielkunst ging. An der Schauspielschule blühte er auf, denn hier ging es weniger dramatisch und schicksalhaft zu als in der Schule. Alles hatte hier nur einen spielerischen Charakter. Was einzig zählte, war das Talent, und davon hatte Ustinov reichlich. Es ging jetzt also nicht mehr um unlösbare Mathematikaufgaben, sondern um Gymnastik und Stimmübungen, um Improvisation und Bewegung, Themen, die bei ihm anschlugen. Die Schauspielkunst wurde mehr als ein Beruf für Ustinov, sie wurde zu seiner Passion. Fazit: Starke Talente lassen sich nicht einebnen, sie überwinden und durchdringen Widerstände aller Arten, auch die der Schule.

**Literaturnachweis:**

Ustinov, Peter, *Ich und Ich. Erinnerungen*, Ullstein Verlag München 2003, insb. S. 65, 89.

# Édith Piaf
1915–1963 frz. Sängerin

## Straßen- statt Schulweisheit

Sie war das Kind eines Zirkuskünstlers, der mit seinem Wohnwagen von Ort zu Ort zog. Ein Leben, das nicht jedem gefällt. So auch ihrer Mutter nicht, die des unsteten Lebens überdrüssig war, die Notbremse zog und sich von der Familie abseilte. Dass ihr Mann sie mit anderen Frauen betrog und die Einkünfte aus den Vorstellungen eher kläglich waren, können weitere Gründe gewesen sein. Zum Glück hatte Édith viele Tanten, die sie fürsorglich aufnahmen und verköstigten. Eine dieser Tanten war Zaza, die, anders als ihre Vorgängertante, auf den Alkohol zum Einschlafen verzichten konnte. Allerdings war ihr neues Zuhause in Bernay (Normandie) eine etwas anrüchige Heimstatt. Tante Zaza, war als Köchin im örtlichen *maison close* tätig, wo sie auch selbst wohnte. So wuchs das kleine Mädchen von sieben Jahren in einem Etablissement auf, wo sie von den Damen des Hauses immerhin respektvoll behandelt und verwöhnt wurde. Das von außen ansehnliche Haus war als Bordell stadtbekannt. Es diente den stationierten Soldaten des Infanterieregiments als Amüsementtempel. Doch zunächst musste die kleine Édith von der Tante gründlich gebadet und gesäubert werden, denn das „arme Ding" war von unten bis oben verlaust. Im Hause selbst gab man sich reinlich und gut gekleidet. Die Soldaten erschienen meist in adretter Uniform, was dem Ganzen einen soliden und respektvollen Anstrich gab. Édith war beeindruckt von den häuslichen Gegebenheiten und dachte nicht viel darüber nach. Ihr fiel lediglich auf, dass die Soldaten nur kurz verweilten und eine wechselhafte Besucherfrequenz das Haus erfüllte. Das störte sie aber nicht weiter. Wichtig war ihr die Nähe zur Tante, die ihr Stabilität und Halt gab. Schon hier wurde sie mit der Musik vertraut gemacht, denn im Hintergrund war allenthalben das mechanische Klavier zu hören. Möglicherweise haben die Melodien von damals ihre *Chansons* beeinflusst, vielleicht hatte sie bei ihren Auftritten auch nur die Klavierakkorde in den Ohren. Jedenfalls hinterließ die Musik, die im Etablissement erklang, Spuren in ihrer künstlerischen Laufbahn. Die Legende weiß zu berichten, dass sie ein Jahr in dem Haus verbrachte und in dieser Zeit fast an einer Augenkrankheit erblindet wäre. Wie durch ein Wunder sei sie wieder genesen und habe das Licht der Welt erneut erblickt. Es darf daran gezweifelt werden, ob es tatsächlich so war. Jedenfalls war das Jahr im Freudenhaus auch eine fröhliche Zeit für sie. Man schreibt ja allgemein den Puffmüttern eine fürsorgliche Mentalität und eine pragmatische Weltsicht zu. Auch bei ihrer Tante Zaza war dies der Fall, sie verstand sich als Pflegemutter von Édith und wollte dem Kind eine Zukunft ermöglichen, und das hieß für ein Mädchen ihres Alters zunächst einmal Schule. Mit Wohlwollen nahm man Édith in der Schule von Bernay auf, konnte man sie doch damit für ein paar Stunden von dem Etablissement entreißen. Soviel Einsicht hatte Édith jedoch nicht, denn sie zeigte wenig Neigung und Freude am Schulleben. Wie schon in anderen Schulen vorher, wo ihr Vater sie zeitweise unterbrachte, hatte sie wenig Lust aufs Lernen gehabt. Vielleicht lag es auch daran, dass sie so häufig die Schule wechseln musste und ihr die Umstellung auf andere Lehrer und Schüler schwer fiel. Ihr Vater schien dies bedenkenlos hinzunehmen und machte keine Anstalten dies zu ändern. Deshalb war das Jahr in Bernay für Édith auch schulisch nicht ganz unbedeutend. Immerhin hatte sie Lehrer und Mitschüler besser kennen lernen können als auf anderen Schulen. Dennoch blieb ihr Schulbesuch freudlos. Schule war ganz einfach nicht ihr Ding. Wie sollte es aber ohne Schulbildung weitergehen? Ohne Schulabschluss war an eine Ausbildung nicht zu denken. Fortan begann ihr Leben auf der Straße. Die Zeiten prekärer Lebensverhältnisse teilte sie mit ihren Freundinnen, sie schlugen sich gemeinsam durch. Manchmal gelang es Édith eine Anstellung als Dienstmädchen zu bekommen. Da sie aber oft faul und aufsässig war, über ungeschickte Hände verfügte und hin und wieder Geschirr zerbrach, war es bald wieder aus mit der Anstellung. Dann saß sie – wie so oft – auf der Straße. Ihr kam das nicht ungelegen, denn die Straße mit all ihren Bewegungen, Abenteuern und Verführungen reizte sie sehr. Die Straße verhieß Freiheit und Unabhängigkeit. Lieber hungern, als sich zu versklaven, das war jetzt ihre Devise. Und so zog sie als Jugendliche singend durch die Straßen von Paris. Ihre Stimme hallte von nun an in schmutzigen Hinterhöfen genauso wie auf Plätzen, Straßenzügen und Parkanlagen. Der Wettbewerb unter den jungen Talenten auf den Straßen war groß. Da galt es, selbstbewusst aufzutreten und sein Bestes zu geben. Es waren also die Straßen und kleinen Bars, die Édith Piaf als Sprungbrett zu ihrer Künstlerkarriere dienten. In diesem Milieu fand sie Anerkennung und Bewunderung. In der glitzernden Stadt Paris wurde sie für ein Millionenpublikum entdeckt, und nur hier konnte sie zur Chansonkönigin der Nation avancieren. Aus dem Kind, das quasi auf der Straße lebte, das weder eine richtige Familie kannte, noch über eine gründliche Schulbildung verfügte, wurde der Spatz von Paris. Als sie 1963 verstarb, folgten zu ihrem Begräbnis – das die Züge eines Staatsaktes hatte – abertausende von Menschen.

**Literaturnachweis:**
Rosteck, Jens, *Édith Piaf – Hymne an das Leben*, Ullstein Buchverlage München 2013.

# Berthold Beitz

1913–2013 dt. Manager

## „... im Ganzen genügend"*

Nein, leicht habe er es in seiner Jugend nicht gehabt und eigentlich habe er immer nur gearbeitet, befand der ehemals mächtige Krupp-Manager im Rückblick auf seine Jugend. Beitz, in einem pommerschen Dorf 1913 geboren, gehörte nicht zur herrschenden Klasse. Zwar fand seine Geburt im Sobeck'schen Gutshaus statt, aber nicht im Gutsherrenzimmer. Die Familie lebte im weitläufigen Verwaltungstrakt der Anlage. Damit waren seine Herkunft und seine Zukunft festgeschrieben – eigentlich. Noch aber konnte keiner genau sagen, wohin die Reise des Berthold Beitz gehen sollte. Dennoch waren die Verhältnisse so, dass das Kind eines Gutsverwalters und eines Kindermädchens keine große Karriere machen würde. Ein Trugschluss. Jedenfalls waren die familiären Verhältnisse so, dass er als Kind in einem wohlbehüteten, durch Akzeptanz, Liebe und Rücksicht geprägten Elternhaus aufwuchs. Ein Vorteil, den nicht alle Kinder hatten. Schläge und harte Bestrafungen gab es im Hause Beitz nicht. Im Gegenteil, die Atmosphäre war von Wertschätzung und Achtung geprägt, die es dem Kind erlaubte, voller Vertrauen auf seine Möglichkeiten und Ressourcen zu blicken. Der Sohn erlebte seinen Vater als einen verantwortungsvollen und disziplinierten Mann, der für Ordnung auf dem Gutshof sorgte, Personal einteilte und den Arbeitsablauf organisierte. Von diesen väterlichen Anlagen sollte einmal sein Sohn profitieren. Die Kindheit verbrachte Beitz also eher im beschaulichen Rahmen einer von Natur und Provinzialität geprägten Umgebung. Seine Spielwiese waren tatsächlich der Garten und die Dorfstraße, die Bäche und Obstbäume vor der Haustür. Hier konnte er sich mit den anderen Jungs aus der Nachbarschaft austoben. Opulent waren auch nicht die häuslichen Mahlzeiten, die es nach den Abenteuern auf Wald und Flur gab. Beitz, als schon etwas betagter Mann auf seine Gesundheit angesprochen, sagte zu seinen Essgewohnheiten, dass er abends zu Hause noch immer Pellkartoffeln mit Salz und Heringen verspeise. Die Kost in seinen Jugendjahren war eher bescheiden, aber gesund und bodenständig. Er hielt an dieser einfachen Kost ein Leben lang fest. Nach Ende des Ersten Weltkriegs, als der Vater aus dem Militärdienst zurückkehrte, zog die Familie in die Kleinstadt Demmin um. Dort bekam sein Vater beim Finanzamt eine Anstellung. Berthold Beitz besuchte hier die Grundschule und die erste Klasse der Oberschule. Als er zwölf Jahre alt war, zog die vielköpfige Familie in die nächstgrößere Stadt, nach Greifswald um. Die Stadt mit den schönen Giebelhäusern und der norddeutschen Fachwerkkunst, brachte auch für Berthold einige Veränderungen mit sich. Der heranreifende junge Mann wurde bald zum Mädchenschwarm, allerdings nicht auf Grund seiner schulischen Leistungen, denn die waren eher mittelmäßig. So habe er die Bücher oft nicht mit nach Hause genommen, sondern gleich im Klassenzimmer gelassen. Danach sei er an den Strand zum Baden gegangen. Auf dem *Lyzeum Kaiserin Victoria* war er immer noch Mädchenschwarm, glänzte aber nicht im Aufsatzschreiben. Als es um das Thema ‚Die deutsche Nordseelandschaft' ging, gab er nicht gerade eine originelle Beschreibung eines Bauernhofs ab. Denn abgesehen von dem lärmenden Vieh, sei es dort still und friedlich. Nun dränge aber die Zeit und er müsse zum Ende kommen. Das war im Kern der Inhalt. Studienrat Dr. Sander quittierte denn auch die Leistungen eher verhalten: im Ganzen genügend, befand er. Doch auch sein Lehrer konnte sich eine zweideutige Schlussbemerkung am Ende nicht verkneifen und meinte, dass seine Klassenleistungen im Mündlichen nicht viel besser seien: meist nur ungenügend. Und so sollte es bis zum Rest seiner Schullaufbahn auch bleiben. Dass auch das Sitzenbleiben, wie bei einem Schüler vom Schlage Berthold Beitz, keine Schande sein muss, rühmte sogar einmal eine Tageszeitung, die herausfand, dass der Top-Manager Berthold Beitz in der Obersekunda eine Klasse wiederholen musste. Wollte man etwa allen Eltern damit sagen, dass Sitzenbleiber keine Schlusslichter sein müssen? Am Beispiel Beitz zeigt sich das ja ganz besonders. Eltern sollten zu ihren Kindern stehen, auch wenn es mal nicht so gut in der Schule läuft, und sie sollten ihnen Vorbilder sein. Über seine Eltern befragt, antwortete Beitz, er habe zu beiden ein sehr gutes Verhältnis gehabt. Sein Vater war ihm stets ein Vorbild, preußisch korrekt, ordentlich und pünktlich. Strenge und Bestrafung führen selten zum Erfolg, das wussten auch seine Eltern. Und so schaffte Beitz denn auch das Abitur und begann eine Bankkaufmannslehre. Als Top-Manager des Krupp-Konzerns hat er viel für Unternehmen und Mitarbeiter erreicht. Kompetenz, Fachwissen und sein persönlicher Führungsstil haben zum

Erfolg des Weltkonzerns beigetragen. Beitz war jedoch nicht nur ein erfolgreicher Manager, erst sehr spät wurde bekannt, dass er im Dritten Reich vielen Juden das Überleben ermöglichte. Dafür wurde er in Israel und in Deutschland gleichermaßen geehrt.

**Literaturnachweis:**

Käppner, Joachim, *Berthold Beitz*, BV Berlin Verlag GmbH Berlin 2010, insb. S. *30; 26, 30 f.

# Erwin Strittmatter

1912–1994 dt. Schriftsteller

## Nichtsnutz mit Bäckerambitionen

Zugegeben, das Familienleben war nicht gerade das Beste. Fast jeden Tag gab es Streit zwischen den Eheleuten und immer ging es um Geld, Zinsen und Geschäfte. Da war Erwin Strittmatter froh hinauszukommen und in eine andere Stadt zu ziehen. Die Gelegenheit war günstig, denn ein neuer junger Lehrer empfahl den Jungen fürs Gymnasium, und dieses befand sich in Spremberg. Zuvor aber musste Strittmatter noch die Aufnahmeprüfung bestehen, was er auch schaffte. Obwohl es für Strittmatter nie eine Zeit gegeben hatte, in der er gerne zur Schule gegangen war, sah er nun einen Ausweg, um den zänkischen Familienstreitereien zu entgehen. Samt Bett und einem großen Reisekorb zog er in den Osterferien 1924 zu den Pensionseltern nach Spremberg. Der Großvater brachte ihn hin. Dort wurde das Bett ins Schlafzimmer der Eheleute gestellt, seine Schulaufgaben musste er im Wohnzimmer verrichten. Der Weg zum Reform-Realgymnasium war nur kurz und führte durch die Mittelstraße. Um am Leben in Spremberg teilzunehmen, um Kontakte zu finden und Leute kennenzulernen, trat er dem Arbeiter-Rad- und Kraftfahrtverband *Solidarität* und dem Arbeiter-Touristenbund *Die Naturfreunde* bei. Die Straße, die er jedes Mal zum Gymnasium zu durchqueren hatte, hieß zurecht Mittelstraße, denn, wie auf einer kleinen Backsteinmauer zu lesen war, war diese von 1871–1918 der geographische Mittelpunkt des Deutschen Reiches. Keine 30 km von hier befand sich die Grenze zu Polen.

Für Strittmatter war der Umzug in das städtische Spremberg wie ein Umzug in eine andere Welt. Bisher war ihm nur das Land- und Dorfleben vertraut, die Natur in all ihren schönen und schrecklichen Ausprägungen. Nun war er in der Stadt und damit anderen Lebensverhältnissen ausgesetzt. Für ihn eine enorme Umstellung und Herausforderung. Der Elfjährige musste – um sich überhaupt passabel verständigen zu können – erst einmal Hochdeutsch lernen, bevor es in der Schule mit Französisch und Latein weiterging. Bei all dem war er auf sich allein gestellt. Erkennbar war er von nun an durch die Schulmütze der Sextaner und der Stadtbekleidung junger Schüler. Natürlich musste ein solcher Landschüler auffallen. Kurz: Strittmatter wurde zur Zielscheibe für Sticheleien und Reibereien. Auch sein Schulranzen, der mit einem Plüschdeckel versehen war, war Gegenstand des Spotts geworden. Den „Weiberranzen" trug er von nun an wider Willen. Man habe ihn, so schrieb er später *„gequält, bespöttelt, verkannt."* (Leo 2012, S. 47) Zu seinem Aussehen gehörte die Anzugsjacke ebenso dazu wie die Krawatte, was ihn damals auf Seiten der Lehrer rückte. Er war in den Augen anderer so etwas wie ein Musterschüler mit Vorbildfunktion. Grund genug ihn weiterhin zu hänseln und ihm seine dörfliche Herkunft vorzuwerfen. Dennoch lebte sich Strittmatter ein und gewann bei seinen Mitschülern Ansehen und Achtung, auch freundete er sich mit zwei Schülern an. Dazu schrieb er gute Noten, was ihm eine Freistelle auf dem Gymnasium einbrachte. Von seinen Pensionseltern hatte er sich getrennt und pendelte jetzt jeden Tag zwischen Bohsdorf und Spremberg hin und her. Die Entfernung von rund 17 km legte er mit einem Fahrrad zurück. In Bohsdorf konnte Strittmatter wieder Anschluss an die Dorfjugend knüpfen, was ihm sichtlich guttat. Mit dem Motorrad seines Vaters, das er immer mehr in Anspruch nahm, verkürzte sich die Fahrtzeit zwischen Schul- und Wohnort erheblich. Zu seinem Wohlbefinden im wiedergefundenen Dorfleben trugen die Tanzveranstaltungen bei. Aber auch auf dem Hof seiner Eltern machte sich der Gymnasiast nützlich. Die Freude auf das dörfliche Leben, auf die vertraute Umgebung, die bekannten Gesichter der Leute verhinderte allerdings die Bereitschaft ernsthaft zu lernen. Besonders in Latein nahmen die Schwierigkeiten zu, er bekam schlechte Noten. Ein Rückschlag. Beigetragen haben dazu die Abende mit seinen Freunden, die er eigentlich für das Vokabellernen reservieren wollte. Aber wie es so ist, waren die Freunde erst einmal im Hause, wurden Pläne für den Abend und die Nacht geschmiedet. Da blieb fürs Lernen so gut wie keine Zeit übrig. Allmählich litten seine Leistungen in fast allen Fächern und der Notendurchschnitt sank deutlich ab. Mathematik und Französisch waren davon besonders betroffen, aber auch in Geschichte und Erdkunde war es nicht viel besser. So schwankten seine Leistungen immer zwischen „genügend" und „sehr gut." Der Musterschüler in Hinsicht „Betragen" war er jedoch geblieben. Dennoch, es reichte nicht. Und so wurde Strittmatter am Ende der Untertertia und der Obertertia nur aufgrund eines Beschlusses der Lehrerkonferenz in die nächste Klassenstufe versetzt. Aber auch hier ging es weiter bergab. Das Zwischenzeugnis aus dem Jahre 1929 weist ein „mangelhaft" in Latein und Mathematik aus und nur ein „genügend" in Englisch, Französisch und Chemie. Im April 1930 wurde ihm schließlich ein Abschlusszeugnis ausgestellt mit der Bemerkung „*Nicht versetzt laut Konferenzbeschluss vom 31.3.1930.*" Er verließ die Anstalt, um Bäckermeister zu werden. Zuhause gab es wegen des Zeugnisses Krach, denn Strittmatter fing den „blauen Brief" ab, um ihn nicht dem Vater, sondern erst einmal der Mutter vorzuzeigen. Denn von der Mutter erhoffte er sich noch am ehesten Beistand und Unterstützung. Als sein Vater davon Wind bekam, stellte er seinen Sohn zur Rede und nannte ihn einen „Nichtsnutz." Strittmatter wird später in einer seiner Erzählungen einen anderen Grund für den Schulabbruch nennen. Demnach hätte er aus Wut dem Deutschlehrer eine Ohrfeige versetzt, was dann eben zur Schulentlassung geführt habe. Was ist wahr daran, was Dichtung? Leider lässt sich der wahre Grund nicht mehr ermitteln. Unwahrscheinlich ist eher die Version mit der Ohrfeige. Denn die Ohrfeige an einem Lehrer hätte mindestens einen Eintrag in das Abgangszeugnis zur Folge gehabt. Wie dem auch sei, als Erwin Strittmatter 1987 die Ehrendoktorwürde verliehen wurde, ging er noch einmal auf die kritische Phase seines Schullebens ein und meinte, gleich wie in seiner Erzählung, dem Lehrer eine Ohrfeige verpasst zu haben. Egal, Strittmatter wurde ein berühmter Schriftsteller und die Mittelstraße, die er als Schüler zum Gymnasium überqueren musste, wurde zur „Strittmatter-Promenade" ernannt. Am Ende ein Happy End.

**Literaturnachweis:**
Leo, Annette, *Erwin Strittmatter – Die Biographie*, Aufbau Verlag GmbH Berlin 2012, insb. S. 47.

# Marion Gräfin Dönhoff

1909–2002 dt. Chefredakteurin und
Herausgeberin *Der Zeit*

## Diktat mit 33 Fehlern

So endlos trist und grau wie der Winter, kamen ihr die Stunden mit den Hauslehrern vor. Dennoch genoss sie als Heranwachsende die Jahreszeiten auf Schloss Friedrichstein in Ostpreußen sehr. Klar war für Marion Dönhoff, dass sie das Abitur machen und studieren wolle. Dazu musste sie das beschauliche Landgut verlassen und nach Berlin übersiedeln. Die Vorstellung, dass Mädchen nach dem Abitur (wenn sie denn überhaupt dieses erreichten) studieren könnten, war nur in privilegierten Kreisen vorhanden. Allgemein war den Frauen der Zugang zum Studium verwehrt. Erst ab 1908 gab es per Erlass das Recht auf ein Frauenstudium. Jedenfalls traf dies für Preußen zu, doch vorerst auch nur auf dem Papier. Häufig mussten die Frauen um ihre Zulassung kämpfen. Man sah deshalb nur wenige Frauen in den Hörsälen, und es war oft ein langer und schmerzhafter Weg für sie. Zu viele Hürden und Widerstände gab es. Bei Marion Dönhoff war es hingegen anders, sie war schon in der Schule selbstbewusst und zielstrebig. In Berlin angekommen fand sie Unterschlupf im Mädchenpensionat von Frau von Lindeiner in Potsdam. Marion Dönhoff fühlte sich in diesem Internat mehr als unwohl, denn Frau von Lindeiner war deutschnational eingestellt. Um am Lyzeum aufgenommen zu werden, musste sie eine Aufnahmeprüfung ablegen. Davor hatte sie ein wenig Bammel. Einmal musste sie einen Aufsatz über Friedrich den Großen schreiben, verwechselte ihn aber mit dem Soldatenkönig Friedrich Wilhelm I. Peinlich. Doch nicht nur das, auch bei den mathematischen Aufgaben und beim französischen Diktat scheiterte sie grandios. Von den fünf mathematischen Aufgaben hatte sie nur eine zu lösen begonnen. Völlig daneben lag sie beim französischen Diktat. Darin machte sie gleich 33 Fehler. Die Lehrerinnen waren wegen der schlechten Leistungen allesamt ratlos und glaubten dies mit einem Unfall, in den die Schülerin verwickelt war, erklären zu können. Man ließ sie – trotz der schlechten Prüfungsergebnisse – erst einmal in der Klasse. Ob dies wohl der einzige Grund war? Spekulieren könnte man auch darüber, ob nicht doch ihre Standeszugehörigkeit eine Rolle gespielt haben könnte. Wie auch immer, sie arbeitete wie verrückt, um die Rückstände aufzuholen. Im Mädchenpensionat war sie inzwischen die Pensionsälteste und sorgte hin und wieder für Wirbel. Ihr war das Pensionat ein Dorn im Auge, weshalb sie sich mit Leitung und Mitschülerinnen in einer Art Kriegszustand befand. Marion Dönhoff galt als widerspenstig, unangepasst und revolutionär. Passte also besser zu den Jungs, und so war der Sprung ins Jungengymnasium nur folgerichtig. Angekommen, verschaffte sie sich in ihrer Klasse unter 18 Jungs, schnell Respekt und Anerkennung. Das sollte bald zu ihrem Lebensprinzip, in einer von Männern dominierten Welt werden. Insofern war das Jungengymnasium auch eine Schule fürs Leben. Inzwischen ging Marion Dönhoff das Mädchenpensionat, und insbesondere Frau von Lindeiner, gewaltig auf die Nerven. Sie konnte und wollte die entsetzliche Mädchenherberge nicht mehr ertragen. Da bot sich die Privatunterkunft von Frau von Schrötter an. Endlich hatte sie ihre Freiheit wieder und war dem strengen Reglement des Mädchenpensionats entronnen. Bei Frau von Schrötter konnte sie machen was sie wollte. Da Marions Bruder zur selben Zeit in Berlin war, konnte sie mit ihm einige Streifzüge durch die Amüsier- und Theaterviertel der Stadt machen. Für eine aufgeschlossene junge Frau aus der Provinz eine ganz neue Erfahrung. Vor allem stand sie nicht mehr unter Beobachtung und Kontrolle, konnte tun und lassen was sie wollte. Trotz alledem genoss sie auch immer wieder aufs Neue die Sommerferien auf Schloss Friedrichstein. Da zog sie, von allem Großstadtlärm und Großstadtreizen befreit, durch die stillen Wälder der Umgebung. In der häuslichen Bibliothek verschlang sie die Werke der russischen Literatur, kam dort zu Ruhe und Besinnung. Wieder zurück in Berlin, machte sie ihr Abitur mit glänzenden Noten. Erstaunlich für eine Schülerin, die einst im französischen Diktat mit 33 Fehlern glänzte und kaum imstande war eine mathematische Aufgabe zu lösen. Bevor sie aber ein Studium an der Universität beginnen konnte, war es als junge Frau ihres Standes notwendig, eine Haushaltsschule zu besuchen. Man entschied sich für ein Mädchenpensionat in Samaden bei St. Moritz. In den Engadiner Bergen sollte sie Kochen und Stricken lernen. Als sie aufgefordert wurde zwei Handschuhe zu stricken, fand sie sich überfordert, schaffte es aber wenigstens einen Handschuh fertigzustellen. Später kommentierte sie diese Leistung mit den Worten, dass der Handschuh ganz ausgezeichnet geworden sei und sie ihn wie zum Beweis gleich auf die Wäscheleine hing. Nun konnte sich jeder von ihrem handwerklichen Geschick überzeugen. Einen zweiten Handschuh vermochte sie aber nicht mehr anzufertigen, denn inzwischen hatte sie vergessen wie es ging. Nach Abschluss der Haushaltsschule für höhere Töchter, durfte sie einige Reisen unternehmen. Diese führten sie nach Amerika und Ostafrika, wo sich ihr Bruder für einige Monate aufhielt. Danach begann für sie der Ernst des Lebens, und damit das Studium der Volkswirtschaft an der Universität in Frankfurt am Main. Damals glaubte Marion Dönhoff, ein Studium der Volkswirtschaft könne ihr die wirtschaftlichen Zusammenhänge der Nationalstaaten und auch der ökonomischen Verhältnisse auf Schloss Friedrichstein besser erklären. Doch bis zu ihrer Doktorarbeit war es noch ein langer Weg, der viel Energie und Ausdauer erforderte. Ihre Haltung zum Dritten Reich war nicht minder bemerkenswert. Sie gehörte dem aktiven Widerstandskreis der Hitlergegner an. Heute ist die *Rote Gräfin* vor allem als Herausgeberin der Wochenzeitung *Die Zeit* bekannt. Mit diesem Blatt gehörte sie zum Kreis der wichtigsten Meinungsbildner in der Bundesrepublik Deutschland. Nach ihrem Tod wurde jährlich ein Journalistenpreis ausgeschrieben, der ihren Namen trug. Wer auf den Spuren der *Roten Gräfin* wandeln will, der kann dies in Form einer organisierten Reise nach Ostpreußen tun. Die Reise hat inzwischen viele Freunde gefunden.

**Literaturnachweis:**

Schwarzer, Alice, *Marion Dönhoff – Ein widerspenstiges Leben*, Verlag Kiepenheuer & Witsch Köln 1996, insb. S. 60, 82, 85.

# Samuel Beckett

1906–1989 ir. Schriftsteller und Dramatiker

## Schmierfink-Sam

Es waren einmal zwei Brüder, die gingen zusammen auf eine Schule. Der eine war ein glänzender Schüler und Streber, der andere ein Kricketspieler und Nobelpreisträger. Die Rede ist von Franz und Samuel Beckett. Sie gingen beide zusammen in die *Portora Royal School*, diese lag in der Grafschaft Fermanagh in Nordirland. Das protestantische Internat legte Wert auf Tradition und förderte den Teamgeist unter den Schülern. Daraus bildete sich ein Kameradschaftsgeist, der besonders im Sport Früchte trug. Beide waren begeisterte Rugby- und Kricketspieler, wobei Samuel mehr Zeit auf dem Sportplatz als in der Schule verbrachte. Er war es auch, der immer etwas nachzuholen hatte und eher durchschnittliche Noten lieferte. Anders als sein Bruder, der sich mit seinen Lernerfolgen brüstete und vor den Lehrern gut dastehen wollte. Bei Samuel konnte man den Eindruck haben, dass ihm das alles egal wäre. Eine Art Gleichgültigkeit und Distanz zum Schulbetrieb war schon sehr früh bei ihm auszumachen. Auch schloss er nicht sofort und mit jedem Freundschaft, sondern klopfte erst einmal sein Gegenüber ab. Ganz anders wenn es um Jungen- oder Klassenstreiche ging, da war Samuel, was Witz und Beschlagenheit anbelangt, immer ganz vorn. Nicht selten war er der Anführer, der die Bande zu neuen Taten animierte. Doch dies war eher eine Ausnahme, denn Samuel war meist wortkarg, launisch und verstockt. In der Gemeinschaft mit anderen Schülern fiel er als einer auf, der nicht so recht ins Bild passte. Man konnte ihn nur schwer einschätzen, und dies obwohl er ein guter Sportler und intelligenter Schüler war. Klar, dass auch die anderen auf Distanz gingen. Als Kricketspieler war er so gut, dass er in WISDEN (eine Art ‚Who is who') aufgenommen wurde. Unter den Schriftstellern ist er wohl einer der Sportlichsten. So probierte er sich auch im Boxen aus und nahm als Mannschaftskapitän an verschiedenen Schwimmmeisterschaften teil. Bei den Wettkämpfen stand er meistens auf dem Siegerpodest. Kein Wunder, dass er 1922 aufgrund seiner besonderen sportlichen Leistungen zum *junior perfect* ernannt wurde. Doch litten bei all den sportlichen Erfolgen die schulischen Leistungen darunter. Nach drei Jahren *Portora-Internat* waren die Zensuren nur durchschnittlich oder mäßig darüber. In vier von zehn Fächern hatte er nur durchschnittliche Noten erhalten, darunter Latein, Arithmetik, Algebra und Trigonometrie. In den sprachlichen Fächern wie Französisch erreichte er nur 200 von möglichen 400 Punkten. Noch schlechter war er in den Fächern Englisch, Geschichte, Geometrie, Physik und Chemie. Gegen Ende seiner Schulzeit wurde es auch nicht viel besser, da kam er im Lateinischen nur auf 184 Punkte und im Französischen blieb es weiterhin beim Mittelmaß. Wie ist das zu erklären, fragen jene, die sein Genie in Ehren halten und dessen dramatisches Werk zur Weltliteratur zählen. War es wirklich nur das Desinteresse am Lernen, der Eifer beim Sport und die Gleichgültigkeit am Schulwesen? Festzustellen ist, dass seine Leistungen nur den Anforderungen genügten, mehr auch nicht. Man muss wohl seine psychische Disposition ins Spiel bringen, die eine starke Individualität und einen schwankenden Charakter verrät. Selbst engsten Mitschülern blieb er oft ein Rätsel. Der in sich gekehrte und verschlossene Schüler konnte selten für Aufheiterung sorgen. Im Gegenteil, er machte sich manchmal über seine Mitschüler und Lehrer lustig. Darüber hinaus ging er oft schlampig mit seinen Schulheften um, sodass Miss Tennant, seine Französischlehrerin, ihm den Titel „Schmierfink-Sam" verlieh. Provokant war er aber nicht nur zu seiner Französischlehrerin. Manchmal entwarf er während des Unterrichts Skizzen auf dem Papier, die nicht von den Lehrern unbemerkt blieben und zu Maßregelungen führten. Er setzte dieses Verhalten auch noch dann fort, als die Skizzen bereits alle eingesammelt und er wiederholt gerügt worden war. Dies musste bei seinen Mitschülern ob dessen Dreistigkeit, Kopfschütteln und Verwunderung auslösen. Ganz besonders schlimm war sein Verhalten im Fach Chemie. Für ihn war der Physik- und Chemieunterricht ein Horror und der Lehrer eine Hassfigur. Wenn es zu Experimenten im Chemiesaal kam, riss Beckett durch sein Desinteresse die Mitschüler in eine Missstimmung hinein. So konnte er einfach nicht mit den Formeln umgehen und goss leichtsinnigerweise Schwefelsäure in den Ausguss. Das hatte Konsequenzen zur Folge. Beckett wurde für sein leichtfertiges Verhalten bestraft. Jedoch wurde Beckett von seinen Mitschülern auch geschätzt und geachtet, eben weil er ein hervorragender Sportler war. Bei all den Widrigkeiten und mäßigem Notendurchschnitt schaffte er es trotzdem auf das *Trinity College* zu kommen, dem *„erzieherischen Ort der protestantischen Vorherrschaft"* (Blair 1991, S. 78), wie es hieß. Auch dort legte er seine eigenwilligen Marotten und Bestrebungen nicht ab, blieb oft der Außenseiter. Dr. Luce erinnert sich und meinte, Beckett sei schon immer ein Einzelgänger gewesen, der weder ihm noch anderen durch Witz oder Geist aufgefallen wäre. Überhaupt hatte er zur akademischen Gelehrsamkeit ein zwiespältiges Verhältnis und meinte gar, es ginge bei der Bildung nur um reinen Selbstzweck. Dass er aber gerade jenem System seinen Aufstieg zu einem der bedeutendsten Dramatiker des 20. Jahrhunderts zu verdanken hat, liegt auf der Hand. *Warten auf Godot* wird als Stück heute auf allen Bühnen der Welt gespielt. Der missmutige Schüler von einst, der das Leben der Lehrer erschwerte, seine Mitschüler vor den Kopf stieß, der Systemverächter und exzentrischer Einzelgänger war, nahm dann aber doch dankbar den Nobelpreis entgegen.

**Literaturnachweis:**

Blair, Deidre, *Samuel Beckett*, Verlag Kellner Hamburg 1991, insb. S. 47, 78.

# Hannah Arendt
1906–1975 dt. Philosophin

## Frühstück statt Griechisch

*„Johanna Ahrendt wurde geboren am 14. Oktober um 9 ¼ Uhr abends, an einem Sonntage. Die Geburt hatte 22 Stunden gedauert und verlief normal. Das Kind wog 3695 Gramm"* und wurde von ihrer Mutter, als sie schon ein paar Jahre älter war, als *„richtiges Sonntagskind"* (Wild 2006, S. 11) bezeichnet. Hannah wurde in einer wohlhabenden jüdischen Familie großgezogen, deren Motto *„Man darf sich nicht ducken! Man muss sich wehren!"* (Wild 2006, S. 12) als Lebenshaltung galt. Dies war keine Selbstverständlichkeit, denn auch am äußersten östlichen Rand des Deutschen Reiches, in Königsberg, waren die meisten jüdischen Familien zwar assimiliert, versuchten aber ihr religiöses Leben so unauffällig wie möglich zu gestalten. Man wollte zur deutschen Mittel- und Oberschicht dazu gehören. Ab 1913 ging Hannah zur Schule. Anfangs besuchte sie die höhere Töchterschule, dessen Gründung auf eine Privatinitiative betuchter und einflussreicher Königsberger Familien zurückging. Erstaunlicherweise besaß Hannah eine intellektuelle Frühreife, die sie schon bald von anderen Schülern unterschied und ihre Herausgehobenheit markierte. So konnte sie bei Schulantritt bereits lesen und schreiben. Zu verdanken hatte sie dies ihrem *„glühenden Interesse für Buchstaben und Bücher"* (Wild 2006, S. 13), wie ihre Mutter stolz im Tagebuch vermerkte. Das Kind begann schon mit vier Jahren die ersten Lese- und Schreibversuche zu unternehmen, dabei immer unterstützt von den Eltern. Ob sie damit ih-

rem Ehrgeiz Ausdruck verleihen oder ganz einfach nur den Erwartungen und Wünschen ihrer Eltern entsprechen wollte, lässt sich nicht so genau sagen. Im Nachhinein dürfte Letzteres den Ausschlag gegeben haben. Als ihre Mutter 1948 verstarb, schrieb sie an ihren Mann, dass sie in ihrer Kindheit und Jugend immer nur den Erwartungen entsprechen wollte, die man an sie gestellt habe. Möglich, dass dies aus Schwäche oder Mitleid geschah, ganz genau könne sie dies nicht sagen. Als sie Schülerin der Königsberger *Königin-Luise-Schule* wurde, verschlang sie neben der klassischen Dichtung auch die Werke der Philosophen wie Kant, Kierkegaard und Jaspers. Das pubertierende Mädchen, das so intensiv die elterliche Bibliothek nutzte und sich in die Bücher hineinfraß, gab ihrer Mutter immer mehr Rätsel auf. Als schwierig und undurchsichtig bezeichnete sie ihr Kind, und auch Hannah Arendt, die damals 13 Jahre alt war, blieb ihr unbändiger Wissensdurst suspekt. Ahnte sie damals schon etwas von ihrer besonderen Begabung, fühlte sie vielleicht deshalb so fremd im Kreise anderer? Als Jüdin war sie eine Außenseiterin, die mit besonderen Leistungen hervorstechen musste, um anerkannt zu werden. Manchmal wurde sie diskriminiert – oft sogar von den eigenen Lehrern, denen ihre außerordentlichen Leistungen ein Dorn im Auge waren. Falls dies jemals geschehen sollte, wurde ihr von den Eltern gesagt, solle sie sofort das Klassenzimmer verlassen und zuhause Bericht erstatten. Das tat sie denn auch. Umgehend verließ sie das Klassenzimmer und erstattete ihren Eltern Bericht. Daraufhin verfasste die Mutter einen eingeschriebenen Brief und beschwerte sich über die antisemitischen Ausfälle eines Lehrers. Andererseits gestand sich Hannah Arendt Extravaganzen zu, die den Unmut der Lehrerschaft provozieren mussten. So gelang es ihr, die frühen Griechisch-Stunden zugunsten eines ausgiebigen Frühstücks bei der Schulleitung durchzusetzen.

Die begabte Hannah war keine schlechte Schülerin, was auch daran lag, dass sie selbst Lernkreise und Lesezirkel für griechische Texte mitinitiierte und sich damit das Lernen erleichterte. Als sie in die höheren Klassen kam, wurde sie Mitglied des *Grumacher Kreises*. Dieser elitäre Kreis, von dem Gründungsstudenten Ernst Grumach ins Leben gerufen, diskutierte leidenschaftlich über Literatur und Philosophie. Der richtige Ort auch für Hannah Arendt. Doch es kam noch besser, Hannah Ahrendt verliebte sich in den Studenten Ernst Grumach. Die Beziehung der beiden sorgte für einen kleinen Skandal in der Stadt. Hannah Arendt war es egal, couragiert, mutig und charakterfest hielt sie der üblen Nachrede und den Gerüchten stand. Bei einigen Lehrern hatte sie – obwohl ihr Notendurchschnitt gut war – kein großes Ansehen. Sie fanden die forsche und altkluge Schülerin überheblich, arrogant und allzu rebellisch. Als einem Lehrer beleidigende Worte gegen sie herausrutschten, versuchte Hannah Arendt ihre Mitschüler zu einem Boykott zu überreden. Von nun an galt sie als Rebellin, die man am liebsten von der Schule gewiesen hätte. Und so geschah es dann auch. Hannah musste ihre Schulsachen packen und die Schule verlassen. In dieser heiklen Phase stand die Mutter voll hinter ihrer Tochter. Durch gute Beziehungen war es der Mutter gelungen, dass sie vorerst ohne Abitur an der Berliner Universität studieren konnte. Dort besuchte sie Seminare zu den Fächern Latein und Griechisch. Nebenbei hörte sie Vorlesungen des Religionsphilosophen Romano Guardini. Doch Mutter und Tochter war klar, dass es ohne Abitur nicht wirklich ginge und eine akademische Laufbahn unmöglich sei. So kehrte Hannah Ahrend im Jahr 1924 wieder an das Königsberger Gymnasium zurück, um dort als externe Schülerin das Abitur nachzuholen. Danach konnte sie ihr Studium an den deutschen Universitäten fortsetzen.

Hannah Ahrendt erhielt im Laufe ihres Lebens zahlreiche Preise und Ehrungen. Bekannt geworden ist sie als Reporterin beim Eichmann-Prozess in Jerusalem. Darüber schrieb sie später das Werk *Eichmann in Jerusalem. Bericht von der Banalität des Bösen* und wurde weltberühmt.

**Literaturnachweis:**

Wild, Thomas, *Hannah Arendt*, Suhrkamp Verlag Frankfurt a. Main 2006, insb. S. 11 ff.

# Erika Mann

1905–1969 dt. Kabarettistin,
Autorin und Schauspielerin

## Zeugnis für die Diele

Nun war Thomas Mann kein Vater, der sich samt und sonders um die Familie kümmerte, so war also auch Tochter Erika sich weitgehend selbst überlassen. Das bürgerliche Haus der Manns strahlte nach außen hin Stabilität, Wärme und Geborgenheit aus, war aber innen von einer kühlen und distanzierten Familienatmosphäre geprägt. Wohlfeile Repräsentanz nach außen, Abschottung nach innen. Jeder ging seinen eigenen Weg. Die Erziehung der Kinder übernahmen stellvertretend Gouvernanten und Hausfräuleins, die ebenso gelitten wie gefürchtet waren. Ein strenges Reglement aus Regeln, Verhaltensweisen und antrainierter Wohlerzogenheit bestimmte den Tagesablauf. So nimmt es nicht Wunder, dass die Kinder alles ein bisschen gestelzt, albern und komisch fanden, was die Eltern so besprachen. Auch die Schule war für Erika keine echte Befreiung  von der häuslichen Enge. Wie viele andere Kinder aus dem Umfeld der Manns, wurde auch Erika auf das *„herrschaftliche Extraschülchen"* (Von der Lühe 1997, S. 21 f.) der Schwestern Ebermayer nach Schwabing geschickt. Gleich zu Beginn empfand Erika die Schule der schrulligen Schwestern als *„muffig und unerträglich langweilig"*, die Lehrer als Sonderlinge, die man gerne nachmimte und verspottete. In der Verspottung der Lehrerschaft tat sich vor allem Erika besonders hervor, die durch ihren bayerischen Akzent Lehrer wie Schwestern am besten nachahmen konnte. Ob sie sich damals schon ihrer theatralischen Begabung bewusst war? Erika hatte eine gute Auffassungsgabe, konnte ihr Gedächtnis mit allerlei Wissen füttern und jederzeit abrufen. Den Sinn für Worte und Sprache hat sie wohl von ihrem Vater geerbt, der sie schon als Zweijährige auf dem Arm durch die häusliche Bibliothek trug. Dabei soll er ihr gezeigt haben, was das grüne und was das rote Buch bedeutet. Sie musste dann wiederum zeigen und artikulieren, welches die grünen und roten Bücher sind. Überhaupt fand das Kind, je älter es wurde, die Art und Weise, wie sich ihre Eltern unterhielten, merkwürdig und künstlich. Bildungsgestus und Bildungssprache der Eltern waren überzeichnet. Möglich, dass Erika das Sprachgebaren ihrer Eltern nicht nur imitierte und für das Kabarett adaptierte, sie erhielt damit auch eine Steilvorlage um ihr eigenes Talent zu entwickeln. Auch ihren Vater brachte sie mit den Kunststückchen oft zum Lachen, bei ihren Mitschülern löste sie Bewunderung aus. Erika nahm schon als Schülerin kein Blatt vor den Mund, war frech und arrogant. Bald galt sie als Bürgerschreck und „kleiner Teufel", der immer nur Tollheiten im Sinn hatte. Wo blieb da noch Platz für den Lernerfolg? Grausam empfand sie deshalb den Lateinunterricht, bei dem sie häufig Ohnmachtsanfälle vortäuschte, was zu einer Befreiung von den Unterrichtsstunden führte. Nicht leicht hatten es auch ihre Lehrerinnen. Traf sie zufällig eine ihrer missliebigen Lehrerinnen in den Fluren der Schule, so konnte sie es sich nicht verkneifen, durch Gestik und Gebärden ihrem Spott Ausdruck zu verleihen. So geschah es eines Tages, dass ihr eine Junglehrerin über den Weg lief, die ihr spießig, verklemmt und fromm vorkam. Ihr begegnete sie mit einem Knicks und zusammengefalteten Händen. Die Junglehrerin wunderte sich über die guten Manieren, der sonst so frechen und arroganten Schülerin. Sollte etwa aus ihr eine wohlerzogene junge Dame geworden sein? Kaum möglich in so kurzer Zeit, widerfuhr es ihr, und verzog sich flugs in das Klassenzimmer zurück. Als Erika diese Geschichte zuhause erzählte, mussten alle lachen, sie fanden das respektlose Vorgehen ihrer Tochter kühn und mutig. Doch bei all dem Ulk fiel sie in ihren schulischen Leistungen weiter zurück. Der „kleine Teufel" wollte ganz einfach nicht parieren. Es fehlte ihr nicht nur an Ehrgeiz und Willensstärke, es mangelte ihr auch an Motivation und Disziplin. Sie selbst empfand sich jedoch großartig und standfest. Eine Selbsteinschätzung, die ihre Eltern nicht teilen mochten. Und da Privatunterricht, Töchterschule, staatliche Volksschule und bayerisches Wilhelmsgymnasium keinen Erfolg bei ihr zeigten, suchte Katja Mann nach einer Alternative für ihre Tochter. Die fand sie in der Reformpädagogik einer freien Schule. In einer solchen Schule, mutmaßte sie, folge man wohl dem Geist einer verständnisvollen Lehrerschaft und der Mitbestimmung seiner selbstbewussten Schüler. Außerdem lag das *Landschulheim Hochwaldhausen* (bei Fulda) in ländlicher Umgebung, was Kindern nur gut tun könne. Schnell stellte sich heraus, dass Erika nicht im Geringsten daran dachte, ihr Verhalten zu ändern. Die Albernheiten gegenüber den Lehrern gingen auch dort unvermindert weiter. Großprotzig, wie Erika nun einmal war, berichtete sie ihren Eltern, dass der Unterricht schlecht sei und sie sich unterfordert fühle. Das Gegenteil war jedoch der Fall, denn Erika war stets schlecht für die Unterrichtsstunden vorbereitet, schluderte mit den Hausaufgaben und zeigte wenig Interesse an dem Lehrstoff. Kurzerhand nahm man sie wieder von der Schule runter. Nach diesem Fehlschlag gelang es den Eltern, Erika mit knapper Not auf ein Münchner Gymnasium zu bringen. Die Aufnahmeprüfung hatte sie mit Ach und Krach gerade noch geschafft. Viel besser war es bei der Abiturprüfung auch nicht, fast wäre sie durchgefallen. Ihr Selbstbewusstsein nahm daran aber keinen Abbruch, und so gestand sie freimütig ein, dass sie nur ihrer Mutter zuliebe das Abitur gemacht habe. Doch sei ihr Abitur so schlecht gewesen, dass es auch schon wieder Ausstellungswert gehabt hätte und so hing sie ihr Abiturzeugnis für alle sichtbar in der Diele auf. Jeder der sie besuchte, konnte sehen welche Noten sie bekommen hatte. Die spätere Kinderbuchautorin, Kabarettistin, politische Schriftstellerin und Rednerin ließ sich von diesem Zeugnis nicht entmutigen. Mutig und couragiert ging sie auch den Weg durch die widrigen Zeiten des Nationalsozialismus. Mit ihrem Kabarett *Die Pfeffermühle* in Zürich gelangte sie bald zu Berühmtheit. Die Ehe mit dem erfolgreichen Theaterregisseur Gustav Gründgens schlug in der Öffentlichkeit Wellen, war aber für ihre Karriere förderlich. Die schlechten Noten waren schnell vergessen.

**Literaturnachweis:**

Von der Lühe, Irmela, *Erika Mann – Eine Biographie*, Fischer Taschenbuch Verlag Frankfurt a. Main 1997, insb. S. 21 f., 32.

# Bertolt Brecht

1898–1956 dt. Dramatiker und Dichter

## Cowboyallüren

Als es ihn wieder einmal böse erwischt hatte und Bertold Brecht nach
zwei Wochen das Krankenlager verlassen konnte, war er noch etwas
geschwächt, aber auch geläutert und voller Zuversicht. Er wolle Cowboy werden, den ganzen Tag reiten, in den Himmel schauen und mit den
Stieren reden, so seine markigen Worte. An seiner Faulheit änderte sich
jedoch nichts, und so war ihm klar, dass er mit dieser Haltung nicht berühmt werden könne. Nun, Cowboy ist er nicht geworden, doch mit der
Faulheit hat er ein Leben lang gerungen. Meist konnte er es sich leisten
faul zu sein, denn er hatte stets willige und fleißige „Helferinnen" um
sich gehabt. Organisation ist eben alles. Der Schüler Brecht stammte
aus einer gediegenen, gut bürgerlichen Familie. Die Eltern waren nicht
nur treue Untertanen des Königs von Bayern und des deutschen Kaisers,
sondern auch Teil der herrschenden Klasse selbst, die über Angestellte
und Dienstboten verfügte. Freilich lebte man standesgemäß in einem
der vornehmeren Stadtbezirke. Sein Vater war Direktor einer Firma und
für den Einkauf von Rohstoffen zuständig, er nannte sein Söhnchen einen „Wohlgeborenen". So waren also die Startbedingungen für Eugen
Berthold Friedrich Brecht nicht schlecht. Der Junge wuchs behütet heran,
stets umsorgt von Eltern, Verwandten und Dienstpersonal. Noch war er
unauffällig und keineswegs aufsässig. Der Bibelunterricht machte ihm
besonders Spaß, weshalb er gerne in die evangelische Schule ging. Auch
noch auf dem *Augsburger Königlich Bayerischen Realgymnasium* verhielt er sich angepasst und ruhig. Aufgefallen ist er dort lediglich durch
seine besonders aufschlussreichen Schulaufsätze. Er las was er bekommen konnte, vor allem die Werke der Dichter; aber auch wenig Erbauli-
ches wie Krimis und Karl May. In die Dramenproduktionen seiner Zeit
fraß er sich regelrecht hinein; darin zeigte sich schon früh sein Interesse
an Theaterstoffen.

Nicht immer konnte oder wollte er mit seinen Kenntnissen brillieren.
Schon sehr von sich eingenommen und zum Jungdichter berufen, ver-

murkste er durch seine arrogante und überdrehte Ansprache so manchen Aufsatz. Als er zu dem Thema, was einen in die Berge zieht, befragt wurde, war seine Antwort einfallslos: die Seilbahn. Prompt kassierte er von seinem Professor eine Vier. Und auch sonst schrieb er gerne und fleißig von seinen Mitschülern ab. Ja, er übernahm fast wortgleich deren Formulierungen, was nicht ganz ungefährlich war. Daneben verbrachte er die Zeit mit seinen Schulkameraden, denen es beim Beobachten und Nachstellen der Mädchen nie langweilig wurde. Doch die Schulaufgaben mussten erledigt werden, und so zog man sich zum Pauken in die Dachkammern zurück. Mit Ausbruch des Ersten Weltkriegs veränderte sich die Situation der männlichen Schüler derart, dass sie jederzeit mit einer Einberufung zum Militärdienst rechnen mussten. Auch Brecht war davon betroffen, fühlte sich aber auf dem Gymnasium noch einigermaßen sicher. Früh schon traten Zweifel in ihm auf, ob die angeblich so hehren Ziele einen derart brachialen Krieg rechtfertigten. Zu kämpfen hatte er aber nicht nur an dieser Front. Die Sexualität brach nun vollends in ihm auf und ließ ihn, zuweilen als Macho auftretend, verschiedene Liebschaften eingehen. Klar, dass dabei das Lernen zu kurz kam. Er nahm es in Kauf. Auch in den späteren Jahren, als er die Universität besuchte, schwänzte er die Vorlesungen zugunsten seiner Liebschaften und musste dadurch vieles aufarbeiten oder nachholen. Allmählich aber schälte sich aus dem biederen Mittelstandssohn der wilde und aufmüpfige Geist heraus, der die Theaterwelt revolutionieren sollte. Doch bis es soweit war, musste noch so manche Krise im Schülerleben des „Wohlgeborenen" gemeistert werden. So kam es denn auch bald zu einer Zuspitzung auf dem Gymnasium, als Bertold Brecht dem berühmten Horaz-Vers *dulce et decorum est pro patria mori* („Süß und ehrenvoll ist es, fürs Vaterland zu sterben") heftig widersprach und sich damit gegen die herrschende Meinung der Lehrerschaft, und insbesondere gegen seinen Lehrer, Dr. Gebhard, stellte. Es kam wie es kommen musste zu einem Duell zwischen Lehrer und Schüler. Herausforderer war Bertold Brecht, Austragungsort das Klassenzimmer. Im Frühjahr 1916 hätte dieses Duell dem angehenden Dichter fast die Laufbahn und das vorzeitige Ende seiner Schulkarriere kosten können, kam es doch in jenen Tagen zu einer Konfrontation der 15 Gymnasiasten (sozusagen die Resttruppe von ehemals 68) und dem Lehrer Dr. Gebhard. Brecht stand dabei die Rolle des Revolverhelden zu. Er hatte sich in die hintere Reihe gesetzt, von dort aus nahm er lauernd und schussbereit seinen Lehrer ins Visier. Plötzlich wurde er mit starkem und aggressivem Tonfall namentlich aufgerufen. Nun hieß es Farbe bekennen und sich für den Horaz-Bezug in seinem Aufsatz rechtfertigen. Darin war zu lesen: *„Der Ausspruch, daß es süß und ehrenvoll sei, für das Vaterland zu sterben, kann nur als Zweckpropaganda gewertet werden. Der Abschied vom Leben fällt immer schwer, im Bett wie auf dem Schlachtfeld, am meisten gewiß jungen Menschen in der Blüte ihrer Jahre. Nur Hohlköpfe können die Eitelkeit so weit treiben, von einem leichten Sprung durch das dunkle Tor zu reden, und auch dies nur, solange sie sich weitab von der letzten Stunde glauben. Tritt der Knochenmann aber an sie selbst heran, dann nehmen sie den Schild auf den Rücken und entwetzen, wie des Imperators feister Hofnarr bei Philippi, der diesen Spruch ersann."* (Völker 1976, S. 16) Gewiss war dies im kriegsberauschten Deutschland eine Provokation. Die Empörung des Lehrers war im ganzen Raum zu spüren. Doch Brecht hielt stand und nahm nichts davon zurück. Dr. Gebhard, immer noch außer sich und wutentbrannt, drohte dem Schüler gar mit einem Rauswurf von der Schule. Tatsächlich beantragte Dr. Gebhard wenige Tage später bei einer Lehrerkonferenz die Relegation des Schülers Bertold Brecht. So ist es also nur der Intervention seines Französischlehrers Sauer zu verdanken, dass Brecht nicht von der Schule flog. Es sei eben ein Fehltritt eines *„vom Krieg verwirrten Schülergehirns"* gewesen, so Sauers Eintreten für den widerspenstigen Schüler. Ein Verweis im Schulzeugnis sollte deshalb genügen, und so kam es auch. Brecht konnte bleiben. Möglich, dass jener junge Benediktinerpater dem Dichter der *Dreigroschenoper* nicht nur das Leben rettete (er wäre sonst zum Fronteinsatz eingezogen worden), sondern auch der Literatur- und Theaterwelt einen unschätzbaren Dienst erwiesen hat.

**Literaturnachweis:**

Völker, Klaus, *Brecht*, Hanser Verlag München 1976, insb. S. 16.

# Erich Kästner

1899–1974 dt. Schriftsteller und
Kabarettdichter

## Kein fliegendes Klassenzimmer

Um das Einkommen der Familie aufzubessern, wurde beschlossen einen
Teil der Wohnung zu vermieten. Es zogen nun bei den Kästners die unter-
schiedlichsten Personen ein und aus.

Wie es der Zufall wollte, waren es hauptsächlich Lehrer. Gleich beim ersten Untermieter, einem fröhlichen und gut aufgelegten Junglehrer, durfte
er den Korrekturarbeiten beiwohnen. Und so nahmen in seinen Erinnerungen die Lehrer einen besonderen Stellenwert ein. So saßen sie häufig
am Küchentisch der Kästners um ihre Arbeiten zu erledigen. Dabei sta-
pelten sich Hefte, Bücher und Schreibgeräte auf dem zweckentfremdeten
Tisch in bedenklichem Ausmaß. Hier versah auch der fröhliche Lehrer
seine Korrekturaufgaben. Immer beäugt und beaufsichtigt vom kleinen
Erich, der fasziniert die handschriftlichen Korrekturen mitverfolgte, die
der Lehrer mit ernsten Stirnfalten einfügte. Sah, wie der Lehrer konzentriert die Seiten umblätterte, Wörter durchstrich oder neu hinzufügte. All
dies faszinierte ihn sehr. Der Wunsch, es dem Lehrer gleichzutun, musste wohl in diesen Stunden gefallen sein. Daneben war der Küchentisch
zeitweise ganz bedeckt mit allerlei Arbeitsmaterialien, wie sie von Pädagogen eben verwendet werden. Neben den Rechen-, Diktat- und Auf-
satzheften lagen Lehr- und Lesebücher, Fachzeitschriften für Pädagogik,
sowie Bleistifte und Lineale herum. Werkzeuge des Geistes, die auf den
kleinen Erich Eindruck machten. Klar, dass er es kaum erwarten konnte

selbst in die Schule zu gehen. Und so freute er sich auf seinen Einschulungstag wie auf eine Geburtstagsfeier. Stolz berichtete er über seine Zuckertüte, sie sei groß und schwer wie ein gefüllter Eimer gewesen. Er habe sie fest an sich gedrückt und sich wie ein kleiner König gefühlt.

Hatte er es bisher nur mit ihm freundlich gesinnten Lehrern zu tun gehabt, lernte er jetzt auch die Schattenseiten des Schullebens kennen. Schon das graue und triste Schulgebäude schreckte ihn ab. Der kasernenhafte Bau hatte zwei Portale, durch die, jeweils getrennt, die Jungen und Mädchen schritten. Das Gebäude war alles andere als einladend und schreckte durch seine strenge Architektur ab. Jedenfalls kostete es nicht nur ihn Überwindung, das Schulgebäude zu betreten. Er nahm es hin. Dass der Rohrstock hin und wieder zum Einsatz kam, nahm er ebenfalls hin. Trotz alledem glaubte er unbeirrbar an die Wirkung von Schule und Lehrer, er wollte ja selbst einmal Lehrer werden. Noch bei heftigster Übelkeit, bei Bauchweh und Hustenanfällen schleppte er sich ins Klassenzimmer. Eisern hielt er daran fest Klassenprimus zu sein, in dieser Rolle konnte er sich keinen Fehltag leisten. „*Ich wollte lernen und nicht einen Tag versäumen*", schrieb er über seine Schuljahre. Ein Musterschüler?! Es lohnt ein Blick auf Schüler und Elternhaus. Erich war das einzige Kind von Ida und Emil Kästner. Beide stammten aus kleinen Verhältnissen. Der Vater war Lohnarbeiter, und die Mutter, immer darauf angewiesen nebenher Geld zu verdienen, schufteten schwer um über die Runden zu kommen. Man zählte sich zum Proletariat und damit zum Kleinbürgertum. Erich Kästner zweifelte stets an der gesellschaftlichen Einordnung seiner Eltern, zumal ihm eine andere Herkunftsgeschichte lieber gewesen wäre. Viele Jahre später, bereits durch seine Bücher *Das fliegende Klassenzimmer, Emil und die Detektive* sowie *Drei Männer im Schnee* bekannt und berühmt, gab er sich immer als großbürgerlicher Schriftsteller aus. Er gefiel sich in dieser Rolle besser, sie war seiner Karriere angemessen. Dass sein Vater in einer dumpfen Fabrikhalle für ein paar Pfennige arbeiten musste und die Mutter in der Nacht zur Heimarbeit gezwungen war, darüber sprach er wenig oder gar nicht. Er wollte (und sollte es wohl auch!) immer ein Mustersohn und Musterschüler bleiben. Immerhin fragten sich einige Freunde und Bekannte der Familie, wie es zu diesem außerordentlichen Talent gekommen sei. Am Herkunftsmilieu kann es nicht gelegen haben, denn das war handwerklich-kaufmännisch, ja sogar auch bäuerlich-proletarisch geprägt. Zweifel an der Vaterschaft von Emil Kästner machten die Runde. Und so war es auch keine Sensation, als der Schriftsteller Werner Schneyder herausfand, dass der langjährige Hausarzt der Familie, der Sanitätsrat Dr. Zimmermann, Erichs leiblicher Vater war. Zu seinem Vater Emil hatte er sowieso nur wenig Zuneigung verspürt.

Der Streber Erich Kästner entwickelte sich in der Schule so gut, dass er die Aufnahmeprüfung in die „Präparande", die Übergangsklasse von der Bürgerschule zum Lehrerseminar, mit Auszeichnung bestand. Mutter und Sohn strahlten vor Glück. Jetzt stand einer Lehrerlaufbahn nichts mehr im Wege. Stolz trug er nun die Seminaristenkappe mit den rot-goldenen Streifen auf seinem Haupte. Der Arbeitersohn hatte es also geschafft in die höheren Bildungsschichten vorzudringen und entsprach damit den Wünschen seiner Mutter. Ein Schüler ohne Fehl und Tadel? Zunächst war man froh über den reibungslosen Bildungsweg des Musterschülers und sonnte sich im Glanz des Aufsteigers. Dennoch konnte das Abiturzeugnis nicht über seine Herkunft hinweg täuschen. In großbürgerlichen Kreisen wusste man ja ohnehin, dass die begabten und bildungshungrigen Söhne aus dem Handwerker- und Arbeiterstand über glänzende Abiturnoten verfügten, aber eben doch aus den unteren Schichten der Gesellschaft kamen. Gewisse Ressentiments, Vorbehalte und verächtliche Bemerkungen blieben jenen Schülern deshalb nicht erspart. Sie mussten – wollten sie bestehen – durch ihre Leistungen überzeugen. Bei Erich Kästner war es nicht anders, auch er wollte mehr erreichen. Zeitlebens suchte er die gesellschaftliche Anerkennung, den Status, die seine Herkunft verdecken sollte. Deshalb war es für ihn wichtig, die Universität zu besuchen und sie mit einem Abschluss als Dr. phil. zu krönen. Auch dies gelang ihm mit Bravour. Danach war Kästner als Redakteur bei diversen Zeitungen tätig, denn noch war er kein berühmter Schriftsteller. Seine kritische Haltung zum Lehrerberuf entwickelte sich während der NS-Zeit im Dritten Reich. In dieser Zeit hätten die Pädagogen, so war von ihm immer wieder zu hören, versagt. Man habe ihnen eine falsche Geschichtsschreibung, die falschen Ideale und eine falsche Nationalgröße gelehrt. Mit diesen Worten hatte sich der einstige Enthusiast von den Idealvorstellungen des Lehrerberufs gelöst. Die Analyse fiel deutlich und nüchtern aus, genug, um der Schulpädagogik den Rücken zu kehren. Dass er darüber hinaus ein „patentierter Musterknabe" gewesen sei, der ganz den Wünschen von Eltern und Gesellschaft entsprach, war wie ein Schuldeingeständnis. Mit diesem Schuldeingeständnis konnte er jedoch gut leben. So gut, dass ihm ein Bestseller nach dem anderen glückte. Bald wurden seine Romane verfilmt und er wurde zu einem der erfolgreichsten Autoren der Nachkriegsgeschichte. Und als ob dies nicht ausreichen würde, wurden seine Bücher sogar Pflichtlektüre an den Schulen. Endlich hatte er die Anerkennung gefunden, nach der er ein Leben lang strebte.

**Literaturnachweis:**

Kästner, Erich, *Als ich ein kleiner Junge war*, Deutscher Taschenbuchverlag München 2006, insb. S. 83.

# Carl Zuckmayer

1896–1977 dt. Schriftsteller

## Schule – ein Stück von mir

Er trage auf dem Weg zum Gymnasium einen glattgebügelten Matrosen-
anzug, den er gerne von Zeit zu Zeit mit den abgetragenen Anzügen, den
mit Flicken auf Ärmeln und Hosenbeinen notdürftig besetzten Kleidern
von Volksschulkindern, tauschen würde. Das schreibt der Bürgersohn
Carl Zuckmayer in seinem Buch *Als wär's ein Stück von mir*. Danach
galt es, sich für den Nachmittag zu rüsten, denn der Klassenkampf zwischen den Proletarier- und Bürgerssöhnen erforderte Vorkehrungen. Die
Zwistigkeiten fanden meist auf dem Nachhauseweg statt. Dabei wurden
die Bürgerssöhne nicht selten mit Steinen beworfen und mit spöttischen
Bemerkungen provoziert. Im besten Falle wurden sie nur angespuckt
und mit verächtlicher Miene ihres Weges begleitet. Obwohl man Schiss
hatte, so schreibt Zuckmayer weiter, habe man die Route nicht geändert.
Schließlich wollte man nicht weichen und kampflos aufgeben. Es ging
um Gesichtswahrung. So kam es hin und wieder dazu, dass er nach dem
Nahkampf mit schmutzigem oder zerrissenem Anzug nachhause kam.
Besser so als Fahnenflucht, dachten er und andere. Dem Vater wollte er
von den Vorfällen lieber nichts erzählen, denn der hätte beim Schuldirektor interveniert und um Schutz gebeten. Stattdessen verteidigte der
Junge sich tapfer und beschimpfte die Gegenseite mit ebensolch vulgären
Wörtern. Das machte auf den „Bittel", wie die Proletarier-Kinder genannt
wurden, Eindruck. Sie luden Zuckmayer zu ihren Räuberspielen ein, was

ihn ebenso reizte wie schmeichelte. Einerseits war er ein gebildeter Bürgerssohn dem Theater, der Literatur und Musik zugeneigt, andererseits zog es ihn zu den raueren, einfacheren Volksschichten hin, deren Entfaltung im Kräftemessen, den derben Ausdrücken und wilden Spielen er scheinbar Ursprüngliches, Unverfälschtes abgewinnen konnte. Der Gegenentwurf zu seiner bürgerlichen Existenz erschauerte ihn, machte ihn aber auch neugierig und wissbegierig. Zunehmend wurde die Schule für Zuckmayer zu einer Last, die er auf Dauer nur schwer ertragen konnte. Er lernte zwar hinzu, machte Entdeckungen und erhielt Anregungen seitens der Lehrer, musste aber immer wieder gegen seine Fantasien, die überall und zu jederzeit durchbrechen konnten, ankämpfen. Sie sabotierten das angeworbene Wissen, attackierten die Vernunft und leiteten ihn auf Gedankenpfade, die mehr Verwirrung als Klarheit stifteten. Dann gab es Lehrer, die den Schulhof als Kasernenhof umfunktionierten und die jungen Schüler in militärischer Formation antreten ließen. Entsprechend war der Zungenschlag jener Lehrer, waren die Kommandos und Unterweisungen. Schüler wurden wie Soldaten behandelt und zu gehorsamen Befehlsempfängern degradiert. Wer nicht parierte wurde gepiesackt und mit Prügelstrafen bedroht. Das Gymnasium zu jener Zeit war nicht immer der ideale Ort für Schöngeister und feinfühlige Bürgerssöhne. Hier wurde mancherorts der Kasernendrill, den auch diese Söhne bald erwarten sollten, vorweggenommen. Derlei Schulgeschichten ließen sich beliebig fortsetzen. Aber es half nichts, jene gnadenlose Zeit musste möglichst gut und schadenfrei überstanden werden. Im Klassenzimmer wurde der raue Ton meist fortgesetzt und eine exakte grammatikalische Wiedergabe eines Textes, sowie dem Aufsagen homerischer Verse höchste Priorität eingeräumt. Zuckmayer verdammte die Zeit auf dem Gymnasium nicht, denn wer einmal lateinische Grammatik und Syntax gelernt hatte, der wisse wie Sprache funktioniere. Sprache aber sei für die Rechtsprechung und Wahrheitsfindung unerlässlich. Und wie zum Beweis hat uns Zuckmayer in seinen Werken genau dies aufgezeigt. Schule kann eben auch zu Höchstleistungen führen.

**Literaturnachweis:**

Zuckmayer, Carl, *Als wär's ein Stück von mir. Horen der Freundschaft*, S. Fischer Verlag Frankfurt a. Main 2006, insb. S. 202.

# Hans Fallada

1893–1947 dt. Schriftsteller

## Kummer der Eltern

*„Ich war das verdrossenste, weinerlichste, kränklichste, langsam ler-
nende Kind von der Welt, der Kummer meiner Eltern, ein Versager für
meine Klassenkameraden, das Kreuz meiner Lehrer."* (Uzulis 2017,
S. 41) Als er diesen Satz niederschrieb, war er nicht mehr der Schüler,
sondern der Erfolgsschriftsteller. Doch die Vergangenheit, insbesondere
die Jugend hatte sich in seinem Gedächtnis festgebrannt und ließ ihn so
schnell nicht wieder los. Es waren teils dramatische Jahre darunter, wo
alles auf der Kippe stand und er Höhen und Tiefen durchlebte. Keine
Spur davon am Beginn seiner Schullaufbahn, da sah alles noch ganz rosig aus. Als das Kind am 21. Juli 1893 das Licht der Welt erblickte, war
die Freude groß. Rudolf Wilhelm Friedrich Ditzen, so sein bürgerlicher
Name, war das Kind einer wohlgeordneten großbürgerlichen Familie.
Lediglich sein Vater, ein zielstrebiger Jurist, der es bis zum Reichsgerichtsrat in Leipzig brachte, fiel durch seinen preußisch-puritanischen
Charakter auf. Ein wenig von diesem Charakterzug sollte auch später auf
seinen Sohn übertragen werden. Denn neben Talent und Ausdauer, waren
es Zielstrebigkeit und Fleiß, die ihm eine Schriftstellerexistenz ermög-
lichten. Die Mutter hingegen kam aus einem wohlbehüteten Pfarrhaus,
wo man neben der Schule vor allem Handarbeit und Haushaltsführung
übte. Sie ging ihrem Ehemann praktisch zur Hand, entlastet ihn von
den Alltagspflichten, sodass er sich ganz auf seine Karriere konzentrieren konnte. Rückblickend seien die Jahre, so die Mutter, für ihre Kinder
sehr schön gewesen. Es gab Hof und Garten mit altem Baumbestand,
sowie einen Platz auf dem die Kinder herumtollen konnten. Eine unbe-
schwerte Zeit. Doch mit der Fröhlichkeit des Jungen sollte es bald vorbei
sein. Misslaunigkeit und Erkrankungen der verschiedensten Art ließen
das Kind allmählich zu einem Sorgenkind werden. In seiner Entwicklung fiel Rudolf immer weiter zurück. Die Mutter machte sich ernste Gedanken darüber, beschwichtigte ihre Sorgen jedoch damit, dass *„unser
Rudolf […] sich sehr viel langsamer als die anderen Kinder entwickelt.*

*Das lange Kranksein hing ihm nach, und Jungen kommen nach meiner Erfahrung auch nicht so schnell vorwärts wie die Mädchen."* (Uzulis 2017, S. 30) Wie sich bald zeigen sollte, eine falsche Einschätzung. Lediglich das Vorlesen und baldige Selbstlesen machte ihm einen Riesenspaß. Einige Stellen aus *Max und Moritz* konnte er auswendig aufsagen.

Rudolf war ein sehr lebhaftes Kind, das gerne herumtollte, was nicht selten zu gefährlichen Situationen und Beinahe-Unfällen führte. So stürzte er einmal die Kellertreppe hinunter und blieb dort eine Zeit lang liegen, ein andermal verletzte er bei einem Feuerwerk die Hand seines Vaters. Noch schien man diese Vorzeichen als Harmlosigkeiten abzutun, und so richteten die Eltern das Augenmerk auf seinen Bruder Uli.

Zunehmend wurden die Bücher für Rudolf zum größten Schatz. Und je besser er lesen konnte, umso eifriger blätterte er in ihnen herum. Er entdeckte dabei neue Welten, die seine Phantasie anregten, ihn inspirierten und Trost boten. Mit Büchern gewappnet, so hoffte er insgeheim, konnte er den Stürmen des Lebens (als ahnte er schon, was auf ihn zukäme) standhalten. Die Literatur wurde zu seinem Lebensinhalt. Im Alter von sechs Jahren wurde Rudolf Dietzen in das Königliche *Prinz-Heinrich-Gymnasium* in Schöneberg aufgenommen. Hier wurde er schnell zum *„Zielobjekt der Späße seiner Altersgenossen."* Hilflos war er ihnen ausgesetzt, denn *„ich hatte keine Kräfte, mich dagegen zu wehren, den Mund wagte ich nicht aufzutun, so schloss ich mich immer mehr ab und an die wenigen Freunde ausschließlich an."* (Uzulis 2017, S. 37) Seinen Eltern konnte er sich auch nicht anvertrauen, denn die machten sich ohnehin schon große Sorgen um ihn. *„Zu Haus, meinen Eltern, habe ich eigentlich nie von diesen Leiden erzählt, ich hatte eine Abneigung dagegen."* Lieber fraß er den Unmut und Frust in sich hinein. Es stellte sich schnell heraus, dass diese Schule – wie viele andere dieser Zeit – einem strengen preußischen Erziehungsideal folgte. So sagte der Schuldirektor im Beisein seiner Eltern: *„Dich wollen wir schon noch zurecht kriegen."* Dem eingeschüchterten Schüler ist die Androhung nicht entgangen, er steckte verlegen seine Hände in die Hosentaschen und schaute betroffen zu seinem Vater hoch. Selbst in den Pausen wurde er von seinen Mitschülern traktiert und von den hochmütigen Lehrern mit angezogenen Brauen beäugt. Die geflickten Hosen, mit denen er stets auf dem Schulhof vor den Lehrern stand, waren dem Geiz seines Vaters geschuldet, der einfach mit Nebenausgaben nicht noch zusätzlich die Haushaltskasse belasten wollte.

Für Mitschüler und Lehrer wurde er deshalb zum Spottobjekt. Ihm und seinen Eltern war klar, hier konnte er nicht länger bleiben. Wohin aber konnte der Schüler kurzfristig anders fliehen als in die Krankheit und damit in eine längere Schulabwesenheit hinein? Zuhause verschlang er derweil die Abenteuergeschichten von Karl May. Er fühlte sich fern von der Schule am wohlsten und genoss die Auszeit von immerhin einem Vierteljahr ohne größeren Schaden. Inzwischen wurde ihm immer mehr die Literatur zum Zufluchtsort. Überhaupt war das Kind zuhause ein anderes, und auch das Verhältnis zu seinen Schwestern, insbesondere zu seiner Schwester Elisabeth, gestaltete sich erfreulich. Mehr und mehr setzte sich bei den Eltern der Eindruck durch, dass Rudolf auf der falschen Schule sei. Es musste eine Lösung gefunden werden, denn auch der Notenspiegel zeigte eine deutliche Tendenz nach unten. Eine Unterredung mit den Lehrern schien unausweichlich. Der Vater machte sich also guter Dinge auf den Weg zum Gymnasium. Was er allerdings dort zu hören bekam, war an Unverschämtheit und Arroganz kaum noch zu überbieten. Auch das Empfehlungsschreiben der Klassenlehrerin, das er wenige Tage später in Händen hielt, war nicht viel besser. Darin heißt es: *„Für die weitere Bildung ihres Sohnes halte ich nun freilich eine Volksschule für das höchst Erreichbare, vielleicht wäre noch richtiger eine Anstalt für geistig zurückgebliebene Kinder. Dieses ewige Heulen, die Unfähigkeit, auch die einfachsten lateinischen Formen zu erlernen, scheinen mir auf einen leichten Schwachsinn zu deuten."* (Uzulis 2017, S. 40) Außerdem bemängelten die Lehrer die fehlende Konzentration des Schülers, sein schwaches Gedächtnis und die ungelenke Handschrift. Die Respektlosigkeit gegenüber des Herrn Kammergerichtsrates, so die Titulierung im Anschreiben, schien weder Anstand noch Grenzen zu kennen. Trotz der Nachhilfestunden durch einen Lateinlehrer, besserten sich die Leistungen von Rudolf nicht und so gab es bei den Schuldiktaten weiterhin schlechte Noten. Zweimal blieb er sitzen, aber zum Glück nur ein halbes Jahr, denn es gab Doppelklassen. Spätestens jetzt aber war Handlungsbedarf geboten, und so nahmen die Eltern ihren Sohn von der Schule und schickten ihn auf das *Bismarckgymnasium* nach Wilmersdorf. Dort lebte sich der Knabe schnell ein, zumal die Schulatmosphäre eine ganz andere war. Schüler und Lehrer bildeten keine Gegnerschaft, sondern eine Gemeinschaft, in der sich gut lernen ließ. Man respektierte sich gegenseitig, stellte die Autorität der Lehrer nicht infrage. Rudolf schätzte einige von ihnen ganz besonders und entwickelte eine erstaunliche Motivation. Plötzlich verspürte er Freude und Lust an der Schule, strengte sich an, bekam Lob von seinen Lehrern. Und in der Tat, seine Noten besserten sich merklich. Außer in Mathematik und Physik, was ihm nicht besonders lag, zählte er zu den Besten seiner Klasse. Inzwischen wurde sein Vater zum Reichsgerichtsrat berufen, die höchste Stufe auf der Karriereleiter eines Juristen. Nun stand ein Umzug nach Leipzig bevor, wo er sein Amt antreten sollte. In der Südvorstadt von Leipzig bezog die Familie ein Wohndomizil mit mehr als zehn Zimmern auf zwei Etagen. Die großzügige Wohnaufteilung machte für Rudolf ein konzentriertes Lernen möglich. Alle hatten genügend Platz und konnten sich aus dem Wege gehen. Spannungen und Überreizungen blieben aus, man schien endlich angekommen zu sein. Gemäß der gehobenen Stellung seines Vaters und die der anderen Kinder aus der Ober- und Mittelschicht, waren die Anforderungen an den Nachwuchs groß. Das hohe Bildungsideal, dem sich die Eltern verpflichtet fühlten, sollte auf die Kinder übertragen und fortgeführt werden. Das preußische Schulsystem sollte dazu seinen Beitrag leisten. Für die Schüler bedeutete dies pauken, pauken, pauken. Neben den Kernfächern Deutsch, Englisch und Französisch wurden auch in Physik, Mathematik und Latein höchste Anforderungen gestellt. So baute sich für Schüler und Eltern ein enormer Druck auf, der nicht zuletzt die Selbstmordrate unter den Schülern bedenklich ansteigen ließ. Rudolf verstieg sich sogar in dem Gedanken, dass die Schule einen jungen Menschen zum Verbrecher oder Irrsinnigen machen könne. Um den Druck etwas zu kompensieren, begann Rudolf kleine literarische Arbeiten anzufertigen, die er seinem verehrten Lateinlehrer Degen zur Begutachtung vorlegte. Degen war von den Schreibversuchen des Jungen beeindruckt und glaubte in ihm ein Talent auszumachen. Degen selbst war in literarischen Kreisen Mitglied, und so ermutigte er den Jungen zu weiteren Arbeiten. Für Rudolf eine erste Anerkennung aus berufenem Munde. Mehr noch, der Wunsch Schriftsteller zu werden schien durch die anerkennenden Worte seines Lateinlehrers nicht mehr unrealistisch. Eine Lebensperspektive war es für ihn allemal. Es entstanden danach weitere Novellen und Gedichte. Bald ging ihm der Ruf eines Sonderlings voraus, der auch durch den Anschluss an die Wandervogel-Bewegung an ihm kleben blieb. *„Ich bin da stets Einspänner, Sonderling gewesen"* (Uzulis 2017, S. 50), sagte er später über diese Zeit. Es begann wieder das alte Leiden. Die nervösen

Kopfschmerzen nahmen zu, was nicht zuletzt daran lag, dass er 20 bis 30 Zigaretten am Tag konsumierte. Nur nachts, wenn alles ruhig und die Erfordernisse des Tages ausgeblendet waren, konnte er zu seiner wahren Bestimmung finden: dem Schreiben. *„Ich saß oft von 2 Uhr nachmittags bis 12, 1 Uhr nachts und schrieb und schrieb und schrieb […]"* (Uzulis 2017, S. 52), hauptsächlich Gedichte, Märchen und Theaterstücke. Dem Vater konnten die „Abwege" seines Sohnes nicht entgangen sein. Es kam zu ersten Ermahnungen, den Schulbetrieb nicht zu vernachlässigen. Die friedliche Übereinkunft zwischen Vater und Sohn hielt jedoch nicht lange an. Eine glücklose Jugendliebe zu Käthe Matzdorf, kündete weiteres Unheil an. In überschäumenden Briefen an sie ließ er seinen erotischen Wünschen und sexuellen Neigungen freien Lauf. Die pubertäre Peinlichkeit flog auf und der Briefschreiber konnte namhaft gemacht werden. Daraufhin hegte Rudolf den Wunsch das *Carola-Gymnasium* in Leipzig zu verlassen. Sein Vater, dem die ganze Sache ebenfalls peinlich war, willigte ein. Doch zunächst sollte der Junge, so war es der Wunsch der Mutter, in die Klinik *„Für Nerven und innere Kranke"* nach Bad Berka verbracht werden. Dort könne sich Rudolf von seinen Krisen am besten erholen. Ein frommer Wunsch, denn auch hier machte der Sohn Schwierigkeiten, hielt sich nicht an die Hausregeln, qualmte Zimmer und Räume voll. Anders als sein geschätzter Lateinlehrer, stellte ihm hier der Chefarzt *„eine überschätzte Begabung zum Dichten und Schriftstellern"* aus. Die Proben, die er zu Gesicht bekam, seien *„als minderwertig zu bezeichnen."* (Uzulis 2017, S. 56) Hier wie dort scheiterte Rudolf an den vorherrschenden Verhältnissen und brachte damit seine Eltern zur Verzweiflung. In dieser angespannten Lage griff der Vater zu einer Notlösung und schickte seinen Sohn nach Rudolstadt in Thüringen, wo bereits sein Brieffreund Hanns Dietrich von Necker das Fürstliche Gymnasium besuchte. Unterkommen sollte er bei dem Generalsuperintendenten Dr. Arnold Braune, der in seinem Hause hin und wieder Studenten aufnahm, die bereit waren, sich der christlichen Hausordnung zu fügen. Wie man sich denken kann, blieben die Konflikte und Schwierigkeiten aufgrund der strikten Hausordnung zwischen Hausherr und Mieter nicht aus. Kein Wunder, dass sich auch Rudolf von Tag zu Tag unwohler fühlte. Besonders das strenge und restriktive Regiment der Hausherrin machte ihm schwer zu schaffen. Bei ihr stieß er immer wieder auf Ablehnung und Widerstand, egal was er machte. Er klagte über die *„hässlichsten, ge-*

*schmacklosesten Sticheleien, gegen mich, die Bücher die ich las und ähnliches.*" (Uzulis 2017, S. 16) Und wieder war es die Literatur, die ihn rettete und Luft zum Atmen gab. So war ihm ein Leben unter diesen widrigen Umständen gerade noch möglich, aber auch hier kamen ihm Selbstmordgedanken in den Sinn. Mit dem Freund Hanns Dietrich von Necker redete er ganz offen darüber, denn auch er hatte Zuflucht in die Literatur gefunden. Ihm ging es nicht viel besser, und so beschloss man, gemeinsam aus dem Leben zu scheiden. Um diesen Schritt zu legitimieren kam man auf die absurde Idee, dass jeder von ihnen ein Drama schreiben solle. Eine Expertise würde dann klären, ob das Werk etwas tauge. Sollte die Expertise negativ ausfallen, hätte derjenige einen Grund sich das Leben zu nehmen. Schon im Vorfeld scheiterte das Vorhaben, weil beide nicht in der Lage waren ein solches überhaupt zu schreiben. Nun entschied man sich für einen anderen Grund, um gemeinsam aus dem Leben zu scheiden. Die Tat sollte zumindest eine gesellschaftliche Rechtfertigung vortäuschen. Das Motiv war denn auch schnell gefunden. Rudolf hatte sich schon seit einiger Zeit in die Schwester eines Schulkameraden verliebt. Sie hieß Erna Simon und war etliche Jahre älter als er. Einerseits fühlte er sich stark zu ihr hingezogen, anderseits litt er unter den zwanghaften Vorstellungen sie umbringen zu müssen. Dennoch schrieb er ihr schwermütige Liebesgedichte und warb um ihre Gunst. Als nun beide gemeinsam in Rudolstadt spazieren gingen, tauchte plötzlich Freund Necker auf und beleidigte Rudolfs Freundin derart, dass dieser von ihm Satisfraktion verlangte. Das abgekartete Spiel ging auf; nun war eine gesellschaftliche Rechtfertigung für den Freitod (in Form eines Duells) gefunden. Das Duell sollte in den frühen Morgenstunden in einer nahegelegenen Schlucht, stattfinden. Beide waren keine vortrefflichen Schützen, und so flogen die Kugeln erst einmal durch die Äste der nahestehenden Bäume hindurch. Dann herrschte eine Weile Totenstille. Zweifel kamen in ihnen auf, und lange bange Sekunden des Innehaltens. Doch beide waren von ihrem Vorhaben nicht mehr abzubringen, und so erschallten weitere Schüsse in der Schlucht. Später erinnerte sich Rudolf an diese dramatischen Minuten: *„Dann drückten wir los. Ich hörte neben mir etwas surren, aber ich drehe mich nicht danach [...]"* Eine Kugel traf seinen Freund von Necker schwer, er stürzte zu Boden und krümmte sich vor Schmerzen. Nun flehte der Schwerverletzte um den Gnadenschuss. *„Harry, schieß bitte noch einmal"* (Uzulis 2017, S. 21), soll er zu ihm gesagt haben. Rudolf suchte verzweifelt nach dem Revolver, denn Erregung und Anspannung waren groß. Als er ihn fand, drückte er ab. Dann richtete Rudolf den Revolver an sein Herz und drückte abermals ab. Die Kugeln verfehlten nur wenige Zentimeter ihr Ziel, und so konnte Rudolf schwerverletzt geborgen und in ein Krankenhaus gebracht werden. Das dramatische Geschehen wirkte in Rudolf noch lange nach. Erst Wochen später konnte er das Geschehen realisieren und sich damit auseinandersetzen. Noch im Krankenhaus wurde gegen ihn Haftbefehl wegen Mordes erlassen. Ironie an der bitteren Geschichte: ausgerechnet sein Vater, der am höchsten deutschen Gericht tätig war, hatte zuvor an einer Reform des Strafgesetzbuches gearbeitet, dessen Auswirkungen nun sein Sohn zu spüren bekam. Für die Öffentlichkeit ein gefundenes Fressen. Rudolf kam in Untersuchungshaft und von dort in die Großherzogliche Irrenheilanstalt und Psychiatrische Klinik nach Jena. Hätte das Urteil auf Mord gelautet, wäre er ins Gefängnis gekommen. So sprach man ihn auf Grund einer „geistigen Erkrankung" frei. Frei war dann aber auch der Weg zum Erfolgsschriftsteller Rudolf Ditzen alias Hans Fallada.

**Literaturnachweis:**

Uzulis, André, *Biografie Hans Fallada*, Steffen Verlag GmbH Berlin 2017, insb. S. 16, 21, 30, 37, 40 f., 50, 52, 56.

# Kurt Tucholsky

1890–1935 dt. Journalist u. Schriftsteller

## Langeweile am Lackstiefel-Gymnasium

Eine Lehrerin als Tante zu haben kann ein unschätzbarer Vorteil sein, besonders dann, wenn man selber Schüler ist. So profitierte auch Kurt Tucholsky von der „Hilfsbereitschaft" seiner Tante, besonders bei den Nachhilfestunden in Französisch. Als Kurt Tucholsky das französische Gymnasium am nördlichen Reichstagsufer besuchte, hatte er es bis zur Obertertia gebracht. Die Eltern wohnten standesgemäß in einem Viertel der Gutbetuchten. In nächster Nähe befand sich nicht nur der Bahnhof Friedrichstraße, es lagen auch einige Theater, Lichtspielhäuser und Varietés auf seinem Schulweg. Neben dem regulären Schulunterricht erhielt Tucholsky Klavier- und Gitarrenunterricht, dazu lernte er auch noch Stenografie, was er später einmal als Journalist nutzen sollte. Als eher durchschnittlicher Schüler wird der Autor des Romans *Eine Liebe in Rheinsberg* wahrgenommen. Ein Wechsel an das *Königliche-Wilhelms-gymnasium* in der Wilhelmstraße zog auch dort keine Veränderungen in seinen Leistungen nach sich. Es ist anzunehmen, dass er die Unterrichts-stunden gelangweilt über sich ergehen ließ. Alles hatte ein Gleichmaß und eine Monotonie erreicht, was eher einschläfernd statt mitreißend auf die Schüler wirkte. Schultragödien und furchtbare Missstände, habe es zu seiner Zeit nicht gegeben, so Tucholsky. Und so reihten sich die Schultage ereignislos aneinander. Natürlich stand das Auswendiglernen hoch im Kurs, und selbstverständlich mussten dynastische Daten aus der

Geschichte jedem Schüler geläufig sein. So blickten die Schüler gelangweilt auf die Schulhofuhr, die bald die nächste Pause anzeigte. Die Lehrer galten als kaisertreu und pflichtbewusst, dass Gymnasium als Eliteschule für die bürgerliche Oberschicht. Die Anstalt trug deshalb die volkstümliche Bezeichnung „Lackstiefel-Gymnasium", was die Schüler aber nicht störte und ihren Ruf, einer solchen Elite-Schule anzugehören, keinesfalls schmälerte. Schüler, die etwas erreichen wollten, die lernbegierig und motiviert waren, mussten selbst die Initiative ergreifen und sich gegebenenfalls die Fragen und Antworten selbst geben. Zu ihnen gehörte Kurt Tucholsky. *„Was wir wissen und können"*, sagte er in reiferen Jahren auf seine Schulzeit befragt, *„das haben wir uns in unsäglicher Mühe nachher allein beibringen müssen."* (Hosfeld 2012, S. 33) Dass zu jener Zeit der Nationalismus noch nicht so bestimmend in das Schulgeschehen eingriff, bewertete er als Vorzug. Tucholsky fing schon sehr früh an zu schreiben. Seine Feder war spitz, zu Ulk und Satire bereit. Er hatte Erfolge damit. Noch Schüler, veröffentlichte er in der Zeitschrift *ULK*, deren Herausgeber Rudolf Mosses war, einige Kurztexte. Es erstaunt deshalb, dass er zur gleichen Zeit in seinen Schulaufsätzen fast immer daneben lag und diese mit Mangelhaft beurteilt wurden. Nahm er die Schule etwa nicht ernst genug? Zweifel hatten auch seine Eltern. Tucholsky blieb sitzen und musste nach der Obersekunda die Schule verlassen. Jetzt war dringend Handlungsbedarf angesagt, um das Schlimmste zu verhindern. Mutter Tucholsky sah für ihren lernschwachen Sohn nur einen Ausweg: Privatunterricht. Und so gab sie Kurt in die Pension von Dr. Krassmüller in der Pariser Straße. Wie es der Zufall wollte, erteilte der Privatlehrer Dr. Krassmüller auch dem Verlegersohn Heinz Ullstein Unterricht. Das Klientel bestand also vorwiegend aus Söhnen der höheren Gesellschaft, was für die Zöglinge gewiss kein Nachteil war. Der Unterricht bei Dr. Krassmüller muss für Tucholsky eine wahre Wohltat gewesen sein, denn er bestand das Abitur als Externer am *Luisen-Gymnasium* mit akzeptablen Noten. Damit endete aber die Zusammenarbeit mit Dr. Krassmüller noch lange nicht, sie ging erst richtig los. Vom Typ her war Dr. Krassmüller ein verständiger und gutmütiger Mensch, der aber hin und wieder aus der Haut fahren konnte und dann mit kräftigen Worten und Handfuchteleien auszuteilen wusste. Tucholsky hielt das eigenartige Gebaren nicht davon ab, ihm weiterhin als Assistent zur Seite zu stehen. Anders als die Lehrer an den Gymnasien, hielt Dr. Krassmüller große Stücke auf ihn und glaubte fest an seine Zukunft. Auffallend für Dr. Krassmüller war sein unerbittliches Nachfragen, wenn es um Sachfragen ging. Dennoch hatte Tucholsky bei ihm – anders als in den wilhelminischen Lehranstalten – mit Fleiß, Ausdauer und Konzentration viel erreicht, es wurde aus ihm ein Schüler mit passablen Abiturnoten. Auf dem Gymnasium wäre ihm dieser Sprung vermutlich nicht geglückt. Und wer weiß, was dann aus ihm geworden wäre. Nachdem sich Tucholsky mit der Matrikelnummer 5743 an der *Friedrich-Wilhelm-Universität Unter den Linden* eingeschrieben hatte, nahm er sein Studium der Rechtswissenschaften auf. Heinz Ullstein, der Verlegersohn, lernte den Assistenten Tucholsky aus anderer Sicht kennen. So sei er, der das Preußentum hasste, in Wirklichkeit preußischer als die Preußen gewesen. Dies erstaunt umso mehr, als Tucholsky in der preußischen Lehranstalt unter dem Druck und Drill der Lehrer am meisten litt. Nun war er es, der seine Schüler beim Nachhilfeunterricht mit dem Rohrstock bedrohte und sie derart einschüchterte, dass sie keinen Mucks mehr von sich gaben. Seine Schüler hatten sozusagen mit gefalteten Händen am Tisch zu sitzen und unter den strengen Augen seiner Aufsicht Aufgaben zu lösen und Lernstoffe zu bewältigen. Der Autor pfiffiger, spaßiger und satirischer Texte verstand selbst keinen Spaß und war als Nachhilfelehrer mehr gefürchtet als geliebt. Für so manchen Schüler unbegreiflich. Den Studentenjob machte Tucholsky noch eine ganze Weile, denn er brauchte das Geld. „*Ick muss ja hier hocken – und erschrecken Sie nicht: Knaben in den Wissenschaften unterweisen*" (Hosfeld 2012, S. 34), sagte er zu einem befreundeten Autor des *Simplicissimus*. Das Sommersemester verbrachte er in Genf und genoss dort das mondäne Leben. Die Schickeria störte ihn dabei ebenso wenig wie die horrend hohen Preise in den Restaurants und Geschäften. Einige Liebschaften versüßten ihm den Aufenthalt und so ging er gestärkt, entspannt und motiviert wieder zurück nach Berlin. An der Universität lernte er die Philosophiestudentin Else Weil kennen. Mit ihr begann das Rheinberg-Projekt und damit sein größter Literaturerfolg. Der mittelmäßige Aufsatzschreiber von einst sollte aber auch als politischer Autor, Mitherausgeber der *Weltbühne* und Gesellschaftskritiker von sich reden machen. Heute tragen einige Schulen seinen Namen.

**Literaturnachweis:**

Hosfeld, Rolf, *Tucholsky*, Siedler Verlag München 2012, insb. S. 33 f.

# Carl Brandt

1886–1965 dt. Unternehmer
in der Lebensmittelindustrie

## Von der Schule zum Zwiebackbäcker

Manche suchen ihr Glück nicht in einer langen Schulausbildung, sondern in einer praktischen Tätigkeit, die sie mit Leidenschaft ausüben. Warum sollte sich deshalb nicht eine gute handwerkliche Ausbildung lohnen? Doch leider bekommen oft nur jene Anerkennung und Zuspruch, die mit einer akademischen Ausbildung und Titel glänzen. Dabei sollte Leistungsbereitschaft, Fleiß und Talent in anderen Berufsfeldern nicht minder geschätzt werden. So ähnlich muss es wohl auch Carl Brandt gesehen haben. Er jedenfalls war von seiner beruflichen Qualifikation überzeugt und sah sich damit auf einem guten Weg in die Zukunft. Der gelernte Bäcker und Konditor arbeitete als Geselle in verschiedenen Meisterbetrieben. Brandt war sich auch nicht zu schade, seine Berufserfahrungen in den verschiedensten Bereichen zu erweitern. Selbst vor einer Seereise machte er nicht Halt und ging das Risiko einer Seekrankheit ein. Es ging aber alles gut und Carl Brandt konnte als Schiffskonditor auf einem Passagierschiff wertvolle Erfahrungen sammeln. Siebenmal hat er den Atlantik überquert, geschadet hat es ihm weder gesundheitlich noch materiell. Im Gegenteil. Auf dem Schiff und in der Neuen Welt erfuhr er die Bedeutung von Trockennahrung wie Zwieback und Keksen. Wäre er zuhause in der Backstube und in der Schule geblieben, wäre ihm diese Entdeckung möglicherweise entgangen. Denn Brandt war sich bewusst, dass jenes Produkt (der Zwieback) auf eine breite Käuferschicht stoßen würde und deshalb nur eine Massenproduktion in Frage käme. Zwieback ist jedoch nicht gleich Zwieback. Jedenfalls hatte Carl Brandt andere Vorstellungen von der Qualität des Zwiebacks, als dies gemeinhin der Fall war. Zwar gab es damals bereits verschiedene Zwiebacksorten, sie entsprachen aber alle nicht den Ansprüchen des gelernten Bäcker- und Konditormeisters. Also gründete der sechsundzwanzigjährige Bäckermeister 1912 die Märkische Zwieback- und Keksfabrik in Hagen und entwickelte selbst ein Rezept zur Zwiebackherstellung. Doch damit nicht genug. Brandt mechanisierte die Zwiebackherstellung und erfand eine patentierte Zwie-backmaschine, die den Zwieback in die uns bekannte Form schnitt. Das größere Problem aber war die Haltbarkeit des Zwiebacks. Damit er schön frisch und knusprig blieb, wurde er bislang in Wellblechdosen verkauft. Für ein Nahrungsmittel, das häufig genossen wurde, war das aufwendig und kostenintensiv. Doch auch dieses Problem war für Carl Brandt lös-bar. Er entwickelte einen Dreilagen-Frischhaltebeutel, der den Zwieback für eine längere Zeit frisch und knusprig hielt. „*Wer so viel Glück und Erfindungsreichtum hat, aus dem wird noch etwas werden*", heißt es im Volksmund. Im Falle Brand hat sich dieser Spruch bewahrheitet. Heute hat die Carl Brandt Zwieback-Schokoladenfabrik mehrere Standorte in Deutschland. Die Marke Brandt erfreut sich eines Bekanntheitsgrades von über 90 Prozent – was nicht zuletzt auf das strahlende Kindergesicht auf der orangefarbenen Packung zurückzuführen ist. Zwieback ist eben gesund. Dies zu erkennen bedarf keiner akademischen Ausbildung.

**Literaturnachweis:**

Leonhardt, Roland, *Wie das Krokodil aufs T-Shirt kam*, Cornelsen Verlag Scriptor GmbH & Co. KG Berlin 2009.

# Alban Berg

1885–1935 österr. Komponist

## Disharmonien in der Schule

Als Alban Berg in die *K. u. K. Staats-Realschule* wechselte, hatte er bereits fünf Jahre Volksschule hinter sich. Noch war unklar, welche Schullaufbahn er einschlagen würde, denn die Realschule diente doch mehr zur Vorbereitung auf einen technischen oder kaufmännischen Beruf, weshalb an der Schule Französisch und Englisch, aber kein Latein gelehrt wurde. Der eher in sich gekehrte und stille Schüler Alban Berg, versuchte so gut wie möglich dem Schulstoff zu folgen. Er gab sich in den Fächern, die seinen künstlerischen Neigungen entsprachen, redlich Mühe. Besonders im Musikunterricht, im Schönschreiben und Freihandzeichnen konnte er sein Talent einsetzen. Dennoch war der Unterricht zu jener Zeit geprägt von der unangreifbaren Autorität des Lehrers, der wie kein anderer die Macht und Gewalt der k. k. Monarchie repräsentierte. Und so wirkte die Gestalt des Lehrers, der vom Katheder herunter sein Wissen an die Schüler vermittelte, beängstigend und bedrohlich. So wie er selbst, waren viele Schüler eingeschüchtert und zu willigem Untertanentum verpflichtet. Das vorgesehene Pensum musste stets erreicht und in den Nachfolgestunden abrufbar gehalten werden, andernfalls drohten Repressalien. Dass durch den ständigen Wechsel der Lehrer eine gewisse Unsicherheit auf der Schülerschaft lastete, nahm man billigend in Kauf. Die Lehrer waren nicht immer gut bezahlt und deshalb oft barsch und unmotiviert. Selbst der Lehrstoff wurde einfach nur durchgezogen und ließ viele Verlierer zurück. Schüler, die sich keinen Nachhilfeunterricht leisten konnten, blieben auf der Strecke, wurden zurückversetzt oder mussten die Schule wechseln. Die Stundenzahl wurde auf vier bis fünf Stunden beschränkt. Schlimmer war die Kasernenhofatmosphäre, unter der auch der Schüler Alban Berg litt, sie machte ihn krank. Es kam zu Fehlzeiten im Unterricht. Oft erreichte er in der Benotung ein „Nicht genügend" und musste zusätzliche Prüfungen ablegen. Der Junge war nicht dumm oder faul, ihm fehlten einfach nur die herausfordernden Aufgaben und eine fachgerechte Pädagogik, die damals noch in den Kinderschuhen steckte. Alban Berg zog sich immer mehr in die Bücher- und Musikwelt zurück. Seine Favoriten waren Goethe, Schiller, Shakespeare und Grillparzer. Daneben schrieb er ganze Stellen oder auch nur einzelne Zitate aus den Werken ab und fügte sie in seine Sammlung *Von der Selbsterkenntnis* ein. Die erstaunlichen Reflexionen, die darin enthalten waren, gaben dem Schüler Halt und Sicherheit. Einen Faible hatte Berg für Ibsen und Strindberg, dessen Stücke ihn beeindruckten und inspirierten. Das Interesse an beiden Autoren teilte er mit Gustav Mahler. Alban Berg, angeregt von der vielfältigen Lektüre, versuchte sich selbst an einem Drama, brachte es aber nur bis zu einem ersten Akt. Da musste es für ihn als angehenden Dichter eine besondere Enttäuschung gewesen sein, im Fach Deutsch ein „Nicht genügend" zu erhalten. Betrübt darüber schrieb er an seinen Mitschüler Johannes Huber: *„Denk dir, lieber Hans, ich habe im 1. Semester Zeugnis in Deutsch eine 5. Welche Demütigung einem Dichter wie ich."* (Meier 2018, S. 13) Nach seinem 15. Lebensjahr wendete sich der hochgewachsene, aber labile Schüler immer mehr der Musik zu. Er wird ein leidenschaftlicher Opern- und Konzertbesucher. Fast jeden Abend verbrachte er in Gesellschaft von Gleichgesinnten, man tauschte sich zu Opern- und Konzertaufführungen aus. Meist waren es die billigeren Plätze, auch Stehplätze, die sie ergattern konnten und dadurch in den Genuss der Vorstellungen kommen. Einige seiner Freunde brachten eine Taschenlampe mit, um die Klavierauszüge mitlesen zu können. Danach ging man ins Kaffeehaus, um hitzig über das Aufgeführte zu diskutieren. Besonderen Eindruck machte auf ihn Gustav Mahler, der das Wiener Opernhaus zu einem Führenden in der Welt machte. In dieser Zeit tauschte der Schüler Alban Berg sich intensiv mit seinen Schulfreunden aus. Die Ferien genoss er auf dem Gut der Familie in Kärnten. Doch die Schulferien blieben nicht ungetrübt, denn dem sensiblen Schüler drohten bald wieder die quälenden Schulstunden und eine Nachprüfung im Fach Geometrie. Zu allem Unglück verstarb auch noch im ersten Schuljahr sein Vater, was ihn in eine tiefe Krise stürzte. Er hatte jetzt nicht nur den Vaterverlust zu bewältigen, sondern musste sich auch sonst stabilisieren. Selbstzweifel und Unzufriedenheit mit den Schulleistungen sowie Ängste vor der Zukunft, bereiteten ihm schlaflose Nächte. Mit sechzehn Jahren verließ er die Schule; er ist inzwischen Vater eines Kindes geworden. Die Mutter, Maria Scheuchl, eine Küchenhilfe, verließ daraufhin den Berghof und zog zu Verwandten nach Linz. Es war damals in bürgerlichen Haushalten üblich, dass die heranwachsenden Söhne ihre ersten sexuellen Erfahrungen mit dem Hauspersonal machten. Meist wurden die armen Mädchen während der Schwangerschaft mit einer Abfindung entlassen. So war es auch im Hause Berg. Alban Berg hielt danach noch lockeren Kontakt zu Maria Scheuchl, ließ sich sogar ein Foto von seinem Kind, einer Tochter, zusenden. Alban Berg verheimlichte diese Beziehung ein Leben lang, auch später seiner Frau gegenüber. Inzwischen begann Alban Berg Klavierunterricht zu nehmen und einfache Kompositionen anzufertigen. Was aber beruflich aus ihm werden sollte, lag weiter in den Sternen. Mit einigen selbstkomponierten Liedern machte er sich eines Tages auf den Weg zu Arnold Schönberg. Er wollte von ihm in Kompositionslehre unterrichtet werden, hatte aber große Zweifel an seinem Talent. Doch wie sich bald herausstellen sollte, waren die Zweifel unbegründet. Schönberg erkannte das Talent seines Schülers und nahm ihn unter seine Fittiche. Nun galt es seine kompositorischen Fähigkeiten auszubauen. Es entwickelte sich zwischen beiden ein lebenslanges Schüler-Lehrer-Verhältnis, das für Alban Berg von großer Bedeutung war. Und so wurde aus dem mittelmäßigen Realschüler einer der bedeutendsten Komponisten des frühen 20. Jahrhunderts.

**Literaturnachweis:**
Meier, Barbara, *Alban Berg – Biografie,* Königshausen & Neumann Würzburg 2018, insb. S. 13.

# Coco Chanel

1883–1971 frz. Modedesignerin

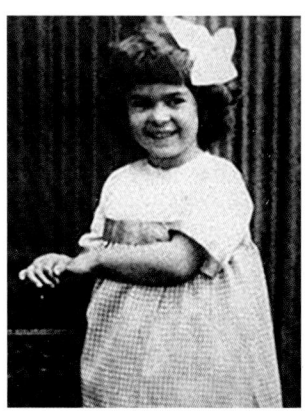

## No. 5

Ihr Vater habe die Familie verlassen, er sei ein Vagabund gewesen, behauptete sie. Allein gelassen mit den Kindern verstarb die Mutter an einer Bronchialentzündung. Sie konnte sich keinen Arzt leisten und lehnte jede Hilfe ab. Als man sie tot in ihrem Bett auffand, war die Erschütterung groß. Nun waren die Kinder Waisen und sich selbst überlassen. Viele Kinder aus ärmlichen Familien wurden deshalb bei umliegenden Bauernfamilien untergebracht, wo sie als billige Arbeitskräfte unter den erbärmlichsten Verhältnissen ihre Kindheitstage fristen mussten. Oft hatten die kleinen namenlosen Wesen kaum Schulunterricht, und wenn ja, dann wurden sie häufig nicht freigestellt, weil der Bauer sie für die Arbeiten im Stall oder auf der Weide brauchte. Die völlig entrechteten Kinder waren der Willkür ihrer Pflegeeltern ausgesetzt. Lediglich der Pfarrer sorgte dafür, dass sie ein wenig Bildung erhielten und hin und wieder zur Schule gingen. Doch meist verliefen die Lebenswege jener Mädchen und Jungen auf schrägen Bahnen. Auch die beiden Brüder von Gabrielle Chanel gingen zeitlebens auf die Walz, waren Kleinhändler und Jahrmarktsgehilfen und blieben es bis zu ihrem Lebensende. Die beiden Töchter der Mutter, vertraute der Vater der Kongregation vom *Heiligen Herzen Mariens* an. Es war das größte Waisenhaus in der Umgebung. Das Kloster in Obazine sollte für die nächsten sieben Jahre ihr Zuhause werden. Im Kloster musste sie sich den strengen Regeln unterwerfen, an den Gebetsübungen, den Psalmengesängen, den Näh- und Haushaltskursen teilnehmen. Schon hier empfing sie einige Anregungen für ihre späteren Kreationen, besonders wenn es um die Farben Schwarz und Weiß ging. Denn schwarz war der Schleier der Schwestern und blütenweiß das Band, das die Nonnen um den Kopf trugen, weiß auch die gefangenen Gänse im Kloster, schwarz die Türen zum Schlafsaal. Geheimnisvolles bargen auch Mosaike und Figuren in den Fluren und Hallen. Viele dieser Zeichen leiteten sich, wie sie herausfand, von Zahlen ab. Wer weiß, vielleicht erhielt sie auf diesem Wege die Anregung zu ihrem bekanntesten Parfum, Chanel No. 5. Oft fühlte sich Gabrielle Chanel in den Klostermauern wie eine Gefangene. Die Klosterordnung war hart und es kam immer wieder zu Feindseligkeiten, zu Hass und Aggressionen zwischen den Waisenkindern und Nonnen. Wo ihre anderen Geschwister verblieben waren, wusste sie nicht. Ob sie sie jemals wiedersehen würde? Von ihren Tanten, Onkeln und Cousinen konnte sie keine Unterstützung erwarten, sie waren selbst arm und lebten von ihren Ersparnissen. In dieser Zeit war sie ganz auf sich allein gestellt, konnte sich niemandem so recht anvertrauen. Einzig zu Tante Julia hatte sie einigermaßen Vertrauen und bewunderte ihr handwerkliches Geschick. Im Kloster lernte Gabrielle Chanel lediglich die Handfertigkeiten, die man zur Führung eines Haushaltes brauchte. Fantasie, Kreativität und Einfallsreichtum waren da eher hinderlich. Bei ihrer Tante war es anders, ihr konnte sie bei den komplizierten Stickereien und Nähereien über die Schulter schauen. Sie war jedes Mal fasziniert, wie ihre Tante es schaffte, noch aus den einfachsten Stofffetzen ein ansehnliches Stück Stoff anzufertigen, dass sich zum Beispiel als Pliseekragen oder Stulpen verwenden ließ. Mit diesen Dingen gelang es der Tante, die Kleidung der Klosterkinder zu verschönern und aufzuwerten. Eine ganz besondere Vorliebe hatte die Tante für Hüte, die sie sich bei ihren Einkäufen in den nächst größeren Orten anschaute. Mit ihren bescheidenen Mitteln versuchte sie selbst Hüte anzufertigen, was bei Gabrielle Anerkennung und Bewunderung fand. Alles in allem legten die Eindrücke im Kloster und bei den Tanten den Grundstein für ihre eigene künstlerische Entwicklung. Der Ehrgeiz, etwas aus sich zu machen, war in der Familie ausgeprägt. Gleichfalls waren die Erfolge oft nur dürftig. Dennoch, Gabrielle Chanel wurde sich ihres Talentes für Zeichnen und Mode bewusst. Sie selbst hatte immer große Lust die Mode der Zeit in den Schaufenstern der Läden oder bei den großbürgerlichen Herrschaften anzuschauen. Und so kam es, dass sie nach dem Klosteraufenthalt als Verkäuferin in verschiedenen Modegeschäften arbeitete. Hier war es nicht einfach, den hohen Ansprüchen des Publikums zu genügen. Aber sie lernte auch eine Menge hinzu und versuchte auf die Wünsche der Kunden so gut es ging einzugehen. Eine Lehrzeit, die ihr später zu Gute kommen sollte. Dann gelang es ihr bei einem Schneider unterzukommen, der die Kavalleristen von Moulin zu seinen Kunden hatte. Ganz besonders in der Rennsaison hatte er viel mit ihnen zu tun und war deshalb auf jede Hilfskraft angewiesen. Die Offiziere wollten gut aussehen und auch äußerlich glänzen; dazu brauchten sie einen guten und kreativen Schneider. Da war Gabrielle bei dem Schneider gut aufgehoben, denn von ihm konnte sie einiges dazu lernen. Doch sollte dies alles nur die Ouvertüre zu ihrem großen Auftritt in Paris sein. In Paris, dem Modezentrum der Welt, fand sie zu ihrer wahren Größe. Als Kind eines armen Hausierers, als Waisenkind und Näherin, gelang ihr der Sprung ganz nach oben. So ist mit ihr – trotz der widrigen Lebensumstände, der mäßigen Schulbildung und der mangelnden familiären Unterstützung – ein Stern am Modehimmel aufgegangen.

**Literaturnachweis:**

Charles-Roux, Edmonde, *Coco Chanel – ein Leben*, S. Fischer Verlag, Frankfurt/M 2005.

# Franz Kafka

1883–1924 österr. Schriftsteller

## Beim Abitur geschwindelt

In einer seiner berühmtesten autobiografischen Schriften, dem *Brief an den Vater*, legt Kafka ein Geständnis ab, das nicht nur den Vater, sondern auch die Nachwelt verwundern und irritieren musste. Darin bekennt Kafka, dass er die Maturaprüfung *„zum Teil nur durch Schwindel"* (Stach 2014, S. 203) bestanden habe. Für einen promovierten Juristen ein erstaunliches Bekenntnis, geht Kafka doch der Ruf eines besonders sorgfältigen, gewissenhaften und verantwortungsvollen Beamten für das Arbeits- und Unfallrecht voraus. Wie er dies bewerkstelligte, erzählt uns sein Schulkamerad Hugo Hecht: *„[…] es war klar, dass es nur einen Weg gab, um zu lernen, was wir brauchten – nämlich ein kleines Notizbuch in die Hände zu bekommen, in dem unser Griechischlehrer die genauen Informationen verwahrte"* (Stach 2014, S. 203). Ausgangsort des Geschehens war das *Altstädter Gymnasium* in Prag. Dort mussten die Schüler vor der mündlichen Prüfung ihre Examina in den Fächern Deutsch, Latein, Griechisch und Mathematik absolvieren. Vor der mündlichen Prüfung fürchtete sich Franz ganz besonders, denn er kannte seine Schwächen recht gut – und dies waren hauptsächlich Übersetzungen aus den alten Sprachen. Der Druck auf ihn war immens, so dass er keine andere Möglichkeit sah, als nach unlauteren Methoden zu greifen. Da bot sich das gestohlene Notizbuch des Professors, zu dessen Kopisten Kafka zählte, als Rettungsanker an. Wie kam es zu dem Diebstahl? Hecht bezirzte die Haushälterin des Professors derart, dass sie bereit war das Notizbuch zu „entwenden". So hatten er und einige Mitschüler, darunter auch Kafka, die Möglichkeit, das Notizbuch im Kaffeehaus zu kopieren. Die Aktion dauerte nicht länger als eine Stunde. Die Erleichterung darüber, nun in Kenntnis der notwendigen Informationen zu sein, stand den Schülern ins Gesicht geschrieben. Trotz des gesicherten Vorwissens fiel das Matura-Zeugnis von Kafka nur durchschnittlich aus. Von überragenden Leistungen darin keine Spur. Auch im Fach Deutsch erreichte er nur ein „befriedigend." Der weltberühmte Schriftsteller, dessen Werke heute in fast allen Sprachen übersetzt wurden, füllt inzwischen die Regale ganzer Bibliotheken. Abertausende von Germanisten haben sich an ihm abgearbeitet, haben versucht Licht in seine dunklen Texte zu bringen und sein Leben bis ins kleinste Detail ausgeleuchtet. Es bleibt das Rätsel und die Faszination Kafka. Und so ist Prag die Stadt, in der er mit wenigen Unterbrechungen lebte, das Mekka aller Kafka-Leser. Will man seine Biografie und seinen Werdegang auch nur annähernd begreifen, ist die Zeit als er noch Schüler und Student war, von ganz besonderer Bedeutung. Und so muss das schwierige Verhältnis von Schüler, Schule und Elternhaus tiefer und detailreicher beschrieben werden. Wie vieles in seinem Leben war auch der Schulbesuch mit Angst verbunden. Selbst der tägliche Schulweg, durch die dunklen und engen Gassen der Altstadt, war eine Herausforderung. Dennoch blieb genügend Zeit für Jugendstreiche und Bummeleien, die oft zu Verspätungen und Ausreden vor Lehrern und Eltern führten. Auch daran erinnert sich sein Mitschüler Hugo Hecht. Schlimm wurde es für Kafka, wenn er vor seinem Vater stand und um eine plausible Ausrede rang. Sein Vater, von hoher und mächtiger Gestalt, wirkte nicht nur auf seinen Sohn, sondern auch auf seine Schulfreunde einschüchternd. „*Wir Kinder hatten Angst vor dem großen, starken finsteren Mann mit dem langen Bart*" (Koch 2005, S. 33), schreibt Hecht. Angst hatte der kleine Franz aber auch vor dem Dienstmädchen, das ihn am Anfang zur Schule begleiten und wieder abholen sollte. In Prag besuchte er, wie viele assimilierte und aufstrebende Juden, eine deutsche Knaben-, Volks- und Bürgerschule. Jene Schule, die Kafka besuchte, befand sich am Fleischmarkt und war nur um ein paar Ecken von Geschäft und Wohnung der Eltern entfernt. Als er wieder einmal von der Köchin der Familie zur Schule begleitet wurde, begann er sich zu fürchten, war sie doch eine Autoritätsperson, die im Auftrag seines Vaters handelte. Er fühlte sich jedes Mal überwacht und ihren Berichten an den Vater ausgeliefert. Der erschien dem Sprössling schon damals als Übervater, und sollte es bis zu seinem (Kafkas) Tod bleiben. Er respektierte die Dienstmädchen, machte ihnen keine Schwierigkeiten und versuchte ein braver Schuljunge zu sein. So lief er an ihrer Seite brav und eingeschüchtert einher. *„Unsere Köchin, eine kleine trockene magere, spitznasige, wangenhohl, gelblich, aber fest energisch und überlegen, führte mich jeden Morgen in die Schule"* (Stach 2014, S. 94), und skizzierte sie damit nicht gerade sympathisch und vertrauenerweckend. In den Erinnerungen von Hugo Hecht heißt es weiter, Franz *„sei immer sehr rein, sehr nett gekleidet, immer etwas entfernt, distanziert von uns"* (Koch 2005, S. 36), gewesen. Dennoch war er kein Spielverderber. Zwar war er *„nie aktiv"* und *„nie kam ein Vorschlag von ihm, obwohl wir wussten, dass er sehr gescheit war."* (Stach 2014, S. 140) Dennoch machte er bei den abenteuerlichen Spielen und Freizeitaktivitäten mit, wenn er darum gebeten oder aufgefordert wurde. Franz war kein Schüler, der sich vor seinen Kameraden versteckte und sich unentwegt aus dem Schulbetrieb ausklinkte. Er war eben ein *„stiller, grübelnder und nachdenklicher Typ."* (Koch 2005, S. 45) Die Lehrer, so bestätigt es im Nachhinein Hugo Hecht, *„hatten den bescheidenen, stillen, guten Schüler sehr gern."* (Koch 2005, S. 34) Er hat nie gerauft, und immer war er ein Muster-, oft Vorzeigeschüler, so Hecht. Überhaupt sei er die ganzen acht Jahre am Gymnasium ein sehr guter Schüler gewesen, der in allen Fächern, außer in Mathematik, überdurchschnittliche Leistungen zuwege brachte. Allerdings war er unmusikalisch und ein schlechter Turner. Schwimmen konnte er nur mäßig und benutzte nie das Sprungbrett. Ganz anders beurteilte ein Mitschüler namens Emil Ufiz seinen Klassenkameraden. Für diesen war Kafka nur ein durchschnittlicher Schüler gewesen, der aber auch nie durchzufallen drohte. *„Nur vor der Matura hatte er große Angst"* (Koch 2005, S. 50), glaubte Utiz zu wissen. Dass *„er wenig abseits des schulischen Geschehens stand"*, nimmt man ihm hingegen gerne ab. Arrogant, hochmütig oder stolz, frech oder zudringlich, sei er aber nie gewesen. Trotzdem trennte ihn eine „dünne Glaswand" von den anderen Schülern, sodass keiner von ihnen so richtig vertraut mit ihm wurde. Gern hatten sie ihn alle, obwohl er ihnen fremd, verschlossen und unnahbar blieb. Mit seinem stillen, gütigen Lächeln, so Utiz, öffnete und verschloss er sich der Welt gleichermaßen. So nahm er nie an lauten Geselligkeiten teil, und nur einmal sei er in einem dubiosen Lokal dabei gewesen, habe sich dort aber wie ein fremder Gast gefühlt, wirkte teilnahmslos und ohne Interesse. Kafka stand immer am Rand, blieb Zuschauer ein Leben lang. Damit wird ein Bild des Schülers gezeichnet, der zwar von allen gemocht, aber dennoch ein Einzelgänger und Außenseiter blieb. Ein Außenseiter blieb er aber auch innerhalb der Familie. Als der Mitschüler Zdenko Vané ihn einmal zuhause besuchte, war ihm dort die eigentümliche Atmosphäre aufgefallen und er stellte fest, dass Kafka überhaupt nicht in diese Familie hinein passte. *„Kafkas Vater hatte kein Verständnis für die Interessen des Sohnes und hätte sich gewünscht, dass er ebenfalls Händler wird."* (Koch 2005, S. 45) Zum Glück ist er stattdessen Schriftsteller geworden, einer der bedeutendsten des 20. Jahrhunderts.

**Literaturnachweis:**

Koch, Hans-Gerd (Hrsg.), *„Als Kafka mir entgegenkam..."* *Erinnerungen an Franz Kafka,* Verlag Klaus Wagenbach Berlin 2005, insb. S. 33f., 36, 45, 50.

Stach, Reiner, *Kafka – Die frühen Jahre,* S. Fischer Verlag Frankfurt a. Main 2014, insb. S. 94, 140, 203.

# Stefan Zweig

1881–1942 österr. Schriftsteller

## Gefangener im Klassenzimmer

Monoton, herz- und geistlos sei der Schulunterricht gewesen, klagt der berühmte Schriftsteller im vorgerückten Alter. Stefan Zweig erinnerte sich nur ungern an seine Schulzeit. Gegenüber seinen Lehrern empfand er wenig Zuneigung, schon gar nicht Dankbarkeit. Sie schienen ihm zu unterwürfig und Diener eines Schulsystems zu sein, dass willfährige Untertanen für die k. k. Monarchie heranzog. Entsprechend monoton verlief dann auch der Unterricht, der in seinen Augen nur ein Abspulen des Lehrstoffes war. Da kam bei ihm und seinen Mitschülern eher Frust statt Lust auf. Die Schule wurde als ein notwendiges Übel gesehen, das man möglichst unbeschadet und mit guten Noten hinter sich bringen wollte. Nach der Volksschule besuchte Stefan Zweig von 1892 bis 1900 das *Maximilian-Gymnasium* (später *Wasa-Gymnasium*) in Wien. Da sich Stefan Zweig nicht gerne an die Schulzeit erinnern mochte, wissen wir wenig über seinen Schulalltag und über die Verhältnisse der Schüler untereinander. Einige Erinnerungen an den Lehrstoff hatte er doch noch im Kopf, besonders was den Unterricht in Sachen Literatur betraf. Doch auch diese waren keine Guten; so wurden die zeitgenössischen Werke stiefmütterlich behandelt, die Werke der Klassiker dagegen ausführlicher. Daher mussten die Werke von Nietzsche und Strindberg außerhalb der Schule gelesen und studiert werden. Hin und wieder gab es aber auch Heiteres, das den Schulbesuch einigermaßen erträglich machte. So berichtet sein Schulfreund Ernst Benedikt von den Wortverwechslungen eines altgedienten Lateinlehrers. Das glucksende Lachen Stefans *„über die unfreiwillige, unwiderstehliche Komik unseres Lateinlehrers, dessen dicke Satyrgestalt, […] dessen dumme Wortverwechslungen uns noch nach Jahren erheiterten, da wir längst dem Unterricht entwachsen waren"* (Matuschek 2006, S. 32), blieb dem Freund noch immer im Ohr. Neben der Schule lebte Stefan Zweig sehr intensiv seine vielfältigen kulturellen Interessen aus. Zu den Theater- und Opernabenden wurde er jetzt immer häufiger von seinem Vater mitgenommen. Die Mutter konnte wegen Schwerhörigkeit nicht an den Veranstaltungen teilnehmen. Daneben las er viel Literatur, manchmal bis spät in die Nacht hinein und war dann am nächsten Tag, als er früh aufstehen und zur Schule gehen musste, wie gerädert. Aber auch seiner Leidenschaft, der Autographen- und Briefmarkensammlung, ging er nach. Erste Schreibversuche fielen in diese Zeit hinein. Ohne Erfolg blieb allerdings der Klavierunterricht, da konnte er mit seinem Vater, der ein großer Musikfreund war, nicht mithalten. Überhaupt fühlte er sich zur Literatur stärker hingezogen. Nichtsdestotrotz liebte er das Musiktheater und war oft genug in dessen Vorstellungen. Von seinen sportlichen Ambitionen wissen wir nur, dass er sie halbherzig vollzog und keinerlei Ehrgeiz entwickelte. Radfahren, Schlittschuhlaufen und Tanzen hatte er nie ganz erlernt und sich darin immer als Dilettant erwiesen. Dagegen besuchte er das Burgtheater regelmäßig und war über das Programm gut unterrichtet. So stand eines Tages eine Premiere von Gerhart Hauptmann auf dem Programm, das die ganze Klasse in Aufregung versetzte. Und so schlichen sich die Gymnasialschüler wie Diebe zu den Schauspielern hindurch, erhaschten da und dort Einblicke in das Aufführungsgeschehen und schnappten, egal ob Klatsch oder Tratsch, Informationen über ihre Theaterhelden auf. Dies alles gelang aber nur, weil man einen Schüler aus den unteren Klassen dabei hatte, der ein Neffe des Beleuchtungsinspektors war und diesen bestochen hatte. Dabei scheute man auch nicht davor zurück viel Geld beim Burgtheaterfriseur auszugeben, in der Hoffnung, noch mehr über das Stück und die Schauspieler zu erfahren. Außerdem war die Nähe zu den Schauspielern eine gute Gelegenheit die Autographensammlung zu ergänzen. Eine zufällige Begegnung mit Gustav Mahler auf der Straße galt unter den Schülern als Sensation. Wer das Glück hatte, konnte es kaum fassen und musste unbedingt seine Mitschüler darüber unterrichten. So kunst- und literaturbesessen die Schüler auch waren, die Schule forderte Attribut. Mit ein wenig Sorge verfolgten die Eltern von Stefan Zweig dessen Leistungen. In den Fächern Mathematik und Physik bedurfte ihr Sohn weiterhin Nachhilfeunterricht. Um die Abschlussprüfung zu bestehen, war noch einiges nachzuholen. Zweig wollte allerdings nicht auf die Literatur verzichten, vor allem aufs Schreiben nicht. Er verfasste Gedichte, Novellen und verschickte seine ‚Werke‘ – obwohl es den Gymnasiasten nicht gestattet war zu publizieren – an namhafte Persönlichkeiten und Zeitschriftenherausgeber. Unter ihnen auch Karl Emil Franzos, der die Zeitschrift *Deutsche Dichtung* herausgab. Die Geschichte, die er ihm zuschickte, hieß *Im Schnee*, sie wurde von Franzos abgelehnt. Erstaunlicherweise nahm Zweig ihm das nicht krumm und antwortete ihm: *„Die Routinierung meines Mcpt. hat mich wirklich nicht im mindesten überrascht, denn kaum, das das Mcpt. auf der Post war, spürte ich schon alle seine vielen Fehler und Schwächen. Ich weiß ganz gut, von dieser Novelle, wie von den meisten meiner Sachen, dass sie flüchtig und übereilt sind […].“* Bemerkenswert darin der letzte Satz: *„Und deshalb ist es für mich ein Glück, dass das Schreiben nicht mein Lebensberuf sein wird, und dass ich nicht einen Augenblick daran gedacht habe berühmt oder nur bekannt zu werden.“* (Matuschek 2006, S. 38) Zweig – ein talentloser Schreiber? Das konnte er wohl nicht ernst gemeint haben, und so darf man diesen Zeilen nicht so recht trauen. Vielleicht war es auch nur ein Selbstschutzreflex gegenüber einer etwaigen Rücksendung, die bei ihm Enttäuschung auslösen musste. In seinen beiden letzten Schuljahren, der siebten und achten Klasse auf dem Gymnasium, bestand weiterhin Bedarf beim Nachhilfeunterricht. Es waren noch immer die Fächer Mathematik und Physik, die er weder liebte noch interessant fand. Erschwerend kam hinzu, dass er von einem Professor unterrichtet wurde, der ständig misslaunig über seine Schüler herfiel. Grund war ein Magen- und Darmleiden, dass er scheinbar an den Schülern ausließ. Ungeachtet dessen pflegte Stefan Zweig seine Leidenschaft für die Literatur und ließ dabei seine Fremdsprachenkenntnisse schleifen. Zum Glück sprach man in seinem Elternhaus Französisch, sodass er wenigstens in dieser Sprache den schulischen Anforderungen genügte. Im Jahr 1900 legte Zweig die Matura ab und bestand auch in den schwierigen Fächern – dank des Nachhilfeunterrichts – die Prüfung mit passablen Noten. Nun stellte sich die Frage nach dem Studien- und Berufsziel. Wie bei vielen Eltern aus seiner Schicht, wünschten sie sich ein Medizin- oder Jurastudium, zumindest aber einen respektablen Doktortitel. Doch Zweig machte seinen Eltern einen Strich durch die Rechnung und studierte Philosophie und Literatur. Mit den Eltern unternahm er nach der bestandenen Matura eine Reise nach Marienbad und anschließend ins Salzkammergut. Hauptsache weg, weg von der verhassten Schule, vom Gymnasium, von den Lehrern und Mitschülern, dachte er, als es ans Kofferpacken ging. Nun galt es endgültig, die Welt von gestern zu verlassen und ein Schriftsteller von Weltrang zu werden. Die Aussichten waren gut.

**Literaturnachweis:**

Matuschek, Oliver, *Stefan Zweig – Drei Leben – Eine Biographie*, S. Fischer Verlag Frankfurt a. Main 2006, insb. S. 32, 38.

# Albert Einstein
1879–1955 dt. Physiker

## *Alles relativ*

Um es vorweg zu sagen: Albert Einstein war ein guter Schüler. Die Mär vom schlechten Schüler, der sich als Genie entpuppte hält sich zwar noch immer, ist aber haltlos. Dennoch war er ein schwieriger Schüler mit einem problematischen Charakter, der Erzieher und Lehrer nicht selten zu Weißglut und Verzweiflung bringen konnte. Bereits als Kleinkind von fünf Jahren wurde ihm eine Hauslehrerin zur Seite gestellt, sie sollte ihn auf das Schulleben vorbereiten und vorerst an die Hand nehmen. Das von der Großmutter verhätschelte Kind (*„Albertchen steht in gutem Andenken bei uns, er war so lieb und brav, und seine drolligen Einfälle muß man sich immer wieder sagen."* (Fölsing 1993, S. 23)) hatte auch Krallen und Zähne. Dies bekam vor allem seine Hauslehrerin zu spüren. Wenn ihm etwas nicht passte, konnte er in Jähzorn geraten, dann veränderte sich sein Gesicht, wurde blass oder feuerrot. In diesem erregten Zustand warf er mit allerlei Gegenständen um sich, denen er habhaft werden konnte. Wenig drollig fand ihn deshalb auch seine Hauslehrerin, ihr hatte er einmal einen Stuhl nachgeworfen und sie mit Schlägen bedroht. Aufgeschreckt von diesen fürchterlichen Ausfällen blieb das Fräulein nicht mehr lange im Hause Einstein, sie packte flugs ihre Sachen und ward nicht mehr gesehen.

Mit zunehmenden Jahren legten sich die aggressiven Anwandlungen des Knaben und er wurde in seinem Sozialverhalten wieder erträglich. Da die Familie in München ansässig war, besuchte er dort ab Oktober 1885 eine katholische Volksschule. Die Schule hatte rund 2.000 Schüler aus fast allen Gesellschaftsschichten, war liberal und überkonfessionell ausgerichtet. Für die damalige Zeit eine Besonderheit. Albert Einstein war kein Kind, das mit Gleichaltrigen spielte, herumtobte oder Streiche verübte, er fiel schon auf der Volksschule mit seinem eigentümlichen Verhalten auf und war damit ziemlich isoliert. Bald schon wurde ihm der Titel „Biedermann" verliehen. Er galt als Streber, der die Hausaufgaben ernst nahm und sie mit Sorgfalt erledigte; erst danach war ihm zum Spielen zumute. Es wundert also nicht, wenn er schon in der zweiten Klasse Bestnoten erhielt. Stolz schrieb die Mutter an ihre Schwester Fanny: „*Gestern bekam Albert seine Noten, er wurde wieder der Erste, er bekam ein glänzendes Zeugnis...*" (Fölsing 1993, S. 29). Während die anderen Kinder turnten, auf Bäume kletterten oder wilde Spiele trieben, gab er sich seinem Metallbaukasten und den komplizierten Laubsägearbeiten hin. Die Mutter bemerkte seine Interessen und gab sich der Hoffnung hin, dass aus ihrem kleinen Albert „*vielleicht noch einmal ein großer Professor*" werden würde. Allerdings bereiteten Drill und Gehorsam dem wissbegierigen Schüler einigen Verdruss. Sein Anpassungsvermögen ließ immer mehr zu wünschen übrig und er musste sich disziplinarischen Maßnahmen seitens der Schulleitung unterziehen. Als Konsequenz wurde er von der Klasse 3a in die Klasse 3b versetzt. Ein erster Rückschlag. Später erinnerte sich Einstein mit Grausen an die Münchner Schulzeit: „*Die Lehrer in der Elementarschule kamen mir wie Feldwebel vor und die Lehrer am Gymnasium wie Leutnants*" (Fölsing 1993, S. 30). Ob er mit dieser Einschätzung richtig lag, mag dahingestellt sein, denn das *Luitpold-Gymnasium* hatte einen guten Ruf, wozu gewiss die liberale Einstellung seines Rektors, Dr. Wolfgang Markwalder, beitrug, er stand bei den Eltern hoch in Kurs. Da es ein klassisches Gymnasium mit humanistischer Bildung war, standen die Sprachen im Vordergrund. Griechisch und Latein waren demnach Pflichtfächer, die ihn herausforderten und die er mit einer gewissen Anstrengung, aber immer mit relativ guten Noten absolvierte. „*Meine Hauptschwäche war ein schlechtes Gedächtnis, besonders ein schlechtes Gedächtnis für Worte und Texte*" (Fölsing 1993, S. 32), so sein Eingeständnis. Mit größtem Enthusiasmus gab er sich dagegen den naturwissenschaftlichen Fächern hin, vor allem der Physik. Hier konnte er seine Stärken am besten ausspielen, denn „*in der Mathematik und Physik war ich durch das Selbststudium weit über dem Schulpensum, auch in Bezug auf Philosophie, soweit dies mit dem Schulpensum zu tun hatte.*" (Fölsing 1993, S. 32) Diese Fächer fielen ihm besonders leicht. Weniger anregend war für ihn die Atmosphäre am Gymnasium, er litt oft sehr darunter. Zwar hatte er *„einzelne Lehrer liebgewonnen, sich aber vom Geist der Anstalt rauh angeweht gefühlt.*" (Fölsing 1993, S. 33) Und auch die Familienberichte ließen Zweifel aufkommen, ob er denn überhaupt auf der richtigen Schule sei. Man zeigte sich besorgt, auch weil das „wortkarge Kind" sich kaum beklagte, aber auch nicht sonderlich glücklich schien, denn immer noch glichen Ton und Atmosphäre der Schule einem Kasernenhof. Nichtsdestotrotz entdeckte er gerade in dieser Zeit seine Liebe zur Geometrie. Er war gerade einmal zwölf Jahre alt, als ihm ein Buch über die Euklidische Geometrie der Ebene in die Hände fiel. Sofort begeisterte sich der Junge dafür und machte sich daran, tiefer in die Materie einzusteigen. Einstein betrieb also neben den schulischen Anforderungen ein Selbststudium der Höheren Mathematik und der analytischen Geometrie. Zudem vertiefte er sich in das Werk von Immanuel Kant *Die Kritik der reinen Vernunft*, da war er gerade 13 Jahre alt. Neben diesen harten Fächern galt seine Liebe ganz der Musik, besonders Mozart hatte es ihm angetan. So spielte er die Mozartsonaten mit großem Eifer nach. Überhaupt, so meinte er einmal, wäre Liebe die bessere Lehrmeisterin als Pflichtbewusstsein. Trotz dieser glücklichen Erfahrungen nagte Vieles an seinem Gemüt, vor allem die *„geistlose und mechanisierte Lehrmethode, die mir bei meinem schlechten Wortgedächtnis große Schwierigkeiten bereitete, die zu überwinden mir ganz sinnlos erschien. Ich ließ also jede Sorte von Bestrafung über mich ergehen, als daß ich auswendig herplappern lernte.*" (Fölsing 1993, S. 40)

Seinen Lehrern machte er mit dieser Einstellung keine Freude, sie merkten sehr wohl wie der Zögling über sie dachte und ihren Berufsstand insgeheim verachtete. Der Klassenlehrer Dr. Joseph Degenhart warf Albert Einstein zwar keine Steine in den Weg, meinte aber *„es werde nie in seinem Leben etwas Rechtes aus ihm werden.*" (Fölsing 1993, S. 41) Während seine Eltern aus beruflichen Gründen nach Mailand gingen, blieb er in München zurück, um das Abitur zu machen. Es seien ja nur noch drei Jahre, die er ohne seine Eltern aushalten müsse, versicherten sie ihm. Doch die Lage am verhassten Gymnasium mit den Leutnants (den Lehrern) verschlechterte sich weiter. Eines Tages gab ihm sein Klassenlehrer Dr. Degenhart zu verstehen, dass er doch bitte die Schule verlassen und dies als Wink des Schicksals begreifen möge, es sei wohl so für alle Beteiligten das Beste. Er begründete dies u. a. mit der harschen Aussage: *„Ihre bloße Anwesenheit verdirbt mir den Respekt in der Klasse."* (Fölsing 1993, S. 41) Einstein widersprach nicht, ihm kam diese Aufforderung gelegen. Nun ging es nur noch darum, den Abgang so elegant wie möglich hinzubekommen. Dazu ließ er sich von seinem Bruder Max Talmuds, der inzwischen als Arzt praktizierte, ein Attest anfertigen, das ihm „neurasthenische Erschöpfung" bescheinigte, demzufolge er die Schule aus gesundheitlichen Gründen vorerst nicht besuchen könne.

Der Clou bei der ganzen Angelegenheit aber war ein anderer: Einstein bat seinen Mathematiklehrer Joseph Ducrue ihm schriftlich zu bestätigen, dass er die Reife zum Abitur habe und überhaupt ein ganz hervorragender Schüler sei, danach bat er um seine Entlassung. Um ihn loszuwerden, ging man auf diese Forderungen ein (oder sollte man lieber von einem Deal sprechen?!). Kurzerhand packte Einstein die Koffer und reiste seinen Eltern nach Mailand nach. München wollte er endgültig hinter sich lassen. Als seine Eltern wenig später in die Schweiz zogen, machte er dort seine Maturatsprüfung. Die Bedingungen waren hier andere, relativ einfach soll die Prüfung gegenüber einem traditionellen Gymnasium gewesen sein. Egal, Albert Einstein konnte nun studieren. Wie die Welt weiß, eine richtige Entscheidung.

**Literaturnachweis:**

Fölsing, Albrecht, *Albert Einstein – Eine Biographie*, Suhrkamp Verlag Frankfurt a. Main 1993, insb. S. 23, 29, 30, 32, 33, 40, 41.

# Lise Meitner
1878–1968 österr. Physikerin

## Lernen um zu begreifen

Es war zunächst die Musik, die zu ihrer großen lebenslangen Leidenschaft wurde, bis später die Physik hinzu trat. Lise Meitner wuchs in einer Familie auf, die auf gute Bildung Wert legte. Dazu gehörte der Musikunterricht, die Welt der Bücher und die Sommerfrische in den Bergen. Anders als ihre Schwester Gusti, aus der eine bekannte Komponistin und Konzertpianistin werden sollte, zog es sie mehr und mehr zur Physik und Mathematik hin. Statt mit einem Geschichtenbuch für Kinder ging Lise mit einem Mathematikbuch ins Bett. Da war sie acht Jahre alt. Als die Mutter das Buch unter ihrem Kopfkissen fand, war sie erstaunt, zugleich aber auch über die Wissbegierde ihrer Tochter erfreut. Gefragt, was sie denn gerade gelesen habe, musste Lise wohl eine Antwort gegeben haben, die ihre Mutter überraschte, aber auch das große Interesse an naturwissenschaftlichen Fragen deutlich machte. Die Farben auf den Ölpfützen, so die angelesene Erkenntnis, hingen mit den dünnen Filmen und den Interenzeffekten des reflektierten Lichtes zusammen, belehrte sie die Mutter. Diese war nun noch mehr verblüfft und beredete mit ihrem Gatten, einem Anwalt mit eigener Anwaltskanzlei, die überraschenden Erkenntnisse ihrer Tochter. Im Hause Meitner nahm man regen Anteil an der Entwicklung der Kinder und förderte deren Interessen, so gut es ging. Beide Elternteile, Hedwig und Philip, standen dem Wissenschaftsoptimismus eines aufgeklärten Bürgertums zu Anfang des 20. Jahrhunderts positiv gegenüber. Die Stadt Wien war zu dieser Zeit ein Mekka der Wissenschaften und für das emanzipierte Judentum, zu dem auch die Familie Meitner zählte, der rechte Ort um ihre Kinder groß zu ziehen. Sie sollten am Fortschritt der Zeit teilhaben. Daher war es für die Meitners eine Selbstverständlichkeit, dass für ihre fünf Kinder eine höhere Schulbildung vorgesehen war; zumindest was die Buben betraf. Für die Mädchen war in der Regel im Alter von 14 Jahren Schluss mit dem Schulbesuch. Als Lise im Jahr 1892 das Entlassungszeugnis der Mädchen-Bürgerschule erhielt, waren es lediglich die Fächer kaufmännisches Rechnen, Geschichte, Geographie und Naturwissenschaften, die eher oberflächlich behandelt wurden. Dass Zeichnen, Gesangs- und Handwerksunterricht, ein wenig Französisch und Gymnastik dazu gehörten, war für eine Mädchen-Bürgerschule obligatorisch. Im Abgangszeugnis wurde den Mädchen der Eintrag „vom weiteren Schulbesuch befreit" bescheinigt und damit das Ende ihrer Bildungskarriere bestätigt. So ging es den meisten Mädchen im Kaiserreich der Donaumonarchie. Vielen Mädchen blieb nur die Arbeit im Haushalt oder eine frühe Verheiratung übrig. Eine andere Möglichkeit war der Besuch einer höheren Töchterschule und damit die Ausbildung zur Lehrerin. Doch diese Wege kamen für Lise nicht in Betracht. Stattdessen unterstützte sie ihren kleinen Bruder Walter und gab anderen Mädchen Nachhilfeunterricht. Mit dem Geld, das sie dafür bekam, unterstützte sie ihre Schwester Gusti, die damit ihren Musikunterricht finanzierte. Außerdem war Lise noch ehrenamtlich an Schulen und sozialen Hilfsorganisationen tätig. Doch all dies konnte sie nicht wirklich befriedigen, ihr großes Interesse galt weiterhin der Physik und Mathematik. Rückblendend schrieb sie: „ *Wenn man an die Zeit vor mehr als 50 Jahren – meiner Jugendzeit – zurückdenkt, so stellt man mit einem gewissen Erstaunen fest, wie viele Probleme es damals im Leben bürgerlicher junger Mädchen gab, die [...] heute fast unvorstellbar erscheinen. Zu den Schwierigkeiten dieser Probleme gehörte die Möglichkeit einer normalen geistigen Ausbildung.* " (Sime 2001, S. 25) Eine universitäre Ausbildung war für diese Frauen meist nur ein Traum. Selbst eine Lehrerinnenausbildung berechtigte nicht zum Universitätsstudium. Lediglich in der Schweiz konnten die Töchter aus adeligen oder wohlhabenden Kreisen studieren. Erst allmählich änderte sich das gesellschaftliche Klima zum Besseren hin. Gab es zunächst die ersten ausgebildeten Ärztinnen (meist in der Schweiz), wurde die Meinung, dass man auch den Frauen eine höhere Bildung zugestehen sollte, immer lauter. Nicht anders als in Amerika oder Frankreich, sollten sie studieren dürfen. Und so geschah es, dass sich die Meinung in der Öffentlichkeit änderte. Allein schon aus reinem Gerechtigkeitssinn müsse den Frauen dies zugebilligt werden, war denn auch der Tenor jener Fürsprecher. Plötzlich konnten Frauen ohne vorher ein Gymnasium besucht zu haben zum Studium zugelassen werden; allerdings mussten sie die Matura abgelegt haben. Wie, das blieb ihnen überlassen. Für Lise waren dies gute Nachrichten. Sie nahm Privatunterricht und legte die Matura ab. Zuvor war aber noch eine Menge an Lehrstoff nachzuholen, so in den Fächern Physik, Latein, Mathematik, Griechisch, Logik, Zoologie, Mineralogie, Geschichte und Literatur. Lise lernte eifrig und gönnte sich kaum Ruhepausen. Skeptisch waren hingegen ihre Geschwister, sie glaubten nicht an ihren Erfolg. Doch Lise bestand die Maturaprüfung im Juli 1901 am Akademischen Gymnasium am Beethovenplatz mit guten Noten. Unterstützung erfuhr sie stets von ihrem Vater, der ihre Neigungen früh erkannte. Jetzt konnte Lise ihr Studium an der Universität Wien aufnehmen. Ihr war klar, dass sie Physikerin werden wollte. Dahin ging ihr ganzes Bestreben. Ihre bahnbrechenden Arbeiten machten sie zu einer Favoritin für den Nobelpreis, den aber nur Otto Hahn zugesprochen bekam. Dennoch ist sie in Fachkreisen eine herausragende Gestalt geblieben, die leider erst sehr spät ihre volle Würdigung erfuhr. Noch im Nazireich als „Nichtarierin" diskriminiert und ausgegrenzt (sie ging ins Exil nach Schweden), blieb sie auch in ihrer interdisziplinären Forschungsarbeit immer kollegial und menschlich. In den Vereinigten Staaten, fand ihre Leistung auf dem Gebiet der Physik Anerkennung, sie wurde dort im Jahr 1946 zur „Frau des Jahres" gekürt. Auf ihrem Grabstein stehen die Worte: Lise Meitner: eine Physikerin, die niemals ihre Menschlichkeit verlor.

**Literaturnachweis:**
Sime, Ruth Lewin, *Lise Meitner – Ein Leben für die Physik,* Insel Verlag Frankfurt a. Main und Leipzig 2001, insb. S. 25.

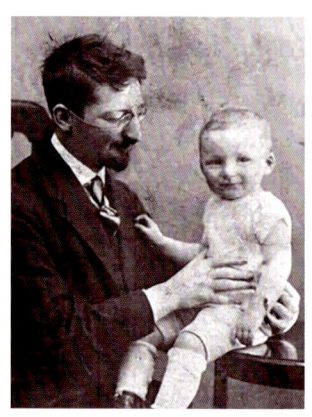

# Alfred Döblin

1878–1957 dt. Schriftsteller

## *Auf den Schulboden gespuckt*

Das Familienleben war entsetzlich, die Jugend bitter und demütigend, die Zukunftsaussichten nicht gerade rosig. So sah sich Alfred Döblin im Rückblick, und er hatte nicht übertrieben: *„Mein Vater arbeitete und ging seiner Wege. Meine gute Mutter hatte mit der Wirtschaft und uns fünf Kindern zu tun, und litt, wir hielten alle zur Mutter. Wir erlebten schreckliche Szenen im Haus."* (Arnold 1996, S. 7) Döblin, das Kind aus schwierigen Familienverhältnissen, hatte somit keine guten Entwicklungschancen. Der Vater, mitverantwortlich für die schrecklichen Verhältnisse, war musikalisch begabt und erteilte darin seinem Sohn Nachhilfeunterricht. Als der Vater mit seiner neuen Geliebten nach Amerika durchbrannte, war damit Schluss. *„Keine Bemerkung will ich machen über das Unglück, das damals über unsere Familie fiel"* (Arnold 1996, S. 7), sprach Döblin sich schmerzhaft zu. Auch finanziell ging es mit der Familie bergab. Ein Grund, weshalb Döblin in der Sexta das Gymnasium verlassen musste, waren eben die Geldsorgen der Familie. Obwohl die Mutter wohlhabende Brüder in Berlin hatte, war die finanzielle Unterstützung nur gering. In Berlin war die Mutter mit ihren fünf Kindern auf sich allein gestellt. Im Rückblick auf jene Lebensphase bemerkte Döblin bitter *„[…] wir siedelten uns, arm, ausgehalten von den Brüdern meiner Mutter, in Berlin an, im Osten der Stadt. Die Erinnerung von 1888, an die Fahrt nach Berlin, an die Bettelexistenz, die dann folgte, an unsere Armut, hat mich* *nicht verlassen bis zum heutigen Tag.* " (Arnold 1996, S. 8) Doch zumindest ging es mit ihm schulisch wieder aufwärts. Döblin, der durch die unglücklichen Umstände drei Schuljahre verloren hatte, nahm im Jahr 1891 als Freischüler in der Sexta den Schulbesuch am *Köllnischen Gymnasium* auf. Er fiel dort als ältester Schüler auf. Dies betraf aber nur sein Alter, weniger seine Leistungen, denn die nahmen rapide ab. Was vorher nicht vorstellbar erschien, wurde wahr: Döblin blieb zweimal sitzen. Aus dem einst guten Schüler wurde eine Schulniete. Besonders in Mathematik machte sich sein Versagen am deutlichsten bemerkbar, da hieß es – neben Englisch und Gesang mit der Note „gut" – ungenügend. Dies betraf auch eine Anzahl weiterer Fächer. Für einen angehenden Mediziner wären diese Noten heute verhängnisvoll, er würde erst gar nicht zum Medizinstudium zugelassen werden. Doch damals schien alles möglich. Am 13. September 1900 hielt Döblin sein Reifezeugnis in den Händen, das alles andere als ein Nachweis seiner Bildungsanstrengungen war, und für ein medizinisches Studium keine Voraussetzungen bot. Woran lag es also, das fragte er sich selber. Wohl kaum an seiner Intelligenz, denn schon als Schüler schrieb er Romane und Essays. Statt den Unterrichtsstunden konzentriert zu folgen, vertiefte er sich in seine Romanvorhaben, spekulierte über die sozialen Missstände im Kaiserreich und betrieb Recherchen über die Arbeiterinnen in den Textilfabriken. Da blieb für den hehren Lehrstoff nur wenig Zeit. Die Lehrer, arrogant in ihrer Erscheinung, auf Respekt und Ehrerbietung versessen, machten die Schulstunden zu einem unerquicklichen Erlebnis. Deshalb habe er, so Döblin in seinem persönlichen Rückblick „*beim letzten Verlassen der Schule dort auf den Boden gespuckt.* " (Arnold 1996, S. 8f.) Mit dieser verächtlichen Geste war denn nun die Schule für ihn beendet. Am 17. Oktober 1900 immatrikulierte sich Döblin an der Universität von Berlin. Nun war er zwar Student der Medizin, aber immer noch mittellos. Wer sollte das Studium bezahlen? Er fand in seinem Bruder Ludwig, der ein erfolgreicher und wohlhabender Kaufmann geworden ist und in seinem Onkel Freudenheim, zwei Befürworter und Unterstützer. Sie griffen dem Studenten finanziell unter die Arme und ermutigten ihn, auch sonst durchzuhalten. Alfred Döblin war kein Einser-Abiturient, aber ein guter Arzt. Es folgten nach Beendigung des Studiums Anstellungen in Spitälern, am Ende eine kassenärztliche Niederlassung. Noch während des Studiums schrieb Alfred Döblin an seinen Romanprojekten. Er experimentierte mit seiner expressionistischen

Prosa und knüpfte Kontakte zu den Verlagen. Dies war nicht immer leicht, denn Studium und Arztpraxis nahmen viel Zeit in Anspruch. Nebenbei war Döblin ein genauer Beobachter der Zeitumstände und konnte aus den Gesprächen mit Patienten ein Stimmungsbild jener Epoche gewinnen. Seine Romanstoffe waren lebensecht, realistisch und zeitnah. Mit seinem Großstadtroman *Berlin Alexanderplatz* war er hart am Großstadtgeschehen dran. Es wurde sein größter Erfolg. Mehrmals wurde er für den Literaturnobelpreis vorgeschlagen und verfehlte ihn nur knapp. Nach dem Erfolg von *Berlin Alexanderplatz* – der in mehrere Sprachen erfolgreich übersetzt wurde (später auch verfilmt) – hatte Alfred Döblin genug Geld um sich ganz als Schriftsteller seinem Werk zu widmen.

**Literaturnachweis:**

Arnold, Armin, *Alfred Döblin*, Morgenbuch Verlag Volker Spiess Berlin 1996, insb. S. 7 ff.

# Robert Walser

1878–1956 schweiz. Schriftsteller

## Musterschüler und Teufelslehrling

Wenn man ihn sah, wusste man, Robert Walser war dem Leben und seinen harten Anforderungen nicht gewachsen. Denn auch er, der angehende junge Dichter, sah das wohl ähnlich. So verglich sich Walser oft mit jungen Mädchen, die sehnsüchtig ihren Träumen nachhingen. „*Mitunter lag ich auf dem Bett ausgestreckt wie ein Kranker […] Ich war in gewisser Hinsicht mutig und kühn und zugleich schüchtern. Ins Leben ging ich wie ein Kind zur Schule: scheu, doch nicht ungern […]*“ (Fröhlich/Hamm 1980, S. 22). Robert Walser liebte es von den Eltern mit besonderer Zuwendung bedacht und verhätschelt zu werden. Dies geschah aber meist nur dann, wenn er krank und bettlägerig war, die Eltern sich sorgten und den kleinen Robert schnell wieder aufpäppeln wollten. Robert Walser hatte jedoch eine recht stabile Gesundheit und beneidete immer jene Kinder, die krank waren und von den Eltern liebevoll und fürsorglich behandelt wurden. Er hatte ein großes Bedürfnis nach zärtlicher Zuwendung, die ihm, wie er beklagte, oft genug versagt blieb. So Unrecht hatte er mit seiner Wahrnehmung nicht, denn zeitlebens gefiel er sich in der Rolle des schutz- und liebesbedürftigen Kindes am besten. In dieser Rolle machte er sich stets klein, durchsichtig, unauffindbar. Sein einziger Schutzwall blieb die Sprache, die Dichtung. Zunächst aber galt es die Schule zu bestehen. Begonnen hatte sein Schulbesuch im Jahr 1884 in Biel. Die Stadt liegt in der Schweizer Jura und war damals eine übersichtliche Kleinstadt. Die Eltern besaßen dort ein Ladengeschäft mit Reise-, Geschenk- und Spielwarenartikeln. Nach der Primarschule besuchte Robert Walser ab 1888 das Progymnasium. Als Progymnasiast, gestand er selbstkritisch ein, *„sollte man eigentlich anfangen, ein wenig ernsthaft über das Leben nachzudenken."* (Echte 2008, S. 38) Das fiel ihm besonders schwer, blieb er doch lieber das Kind, das nicht erwachsen werden wollte. Er gab sich jedoch einen Ruck und versuchte sein Bestes. Rückblickend mochte er lieber nicht an seine Schulzeit erinnert werden. Dennoch empfand er die Schule als eine Art *„Entgeltung für die kleine Zurücksetzung, die ich im elterlichen Haus erfuhr: ich konnte mich auszeichnen."* (Echte 2008, S. 31) Darum ging es ihm vor allem, sich Anerkennung und Zuwendung zu verschaffen. *„Es war mir eine Genugtuung, gute Zeugnisse nach Hause zu tragen. Ich fürchtete die Schule und verhielt mich infolgedessen dort brav; ich blieb in der Schule überhaupt immer zurückhaltend und zaghaft."* Doch der zurückhaltende und zaghafte Schüler war alles andere als ein Schulversager, er mauserte sich immer mehr zum Musterschüler und bekam dadurch ein schlechtes Gewissen: *„In verschiedenen Fächern war ich überhaupt sehr gut, aber es war immer beschämend für mich, als Muster dazustehen, und ich bemühte mich oft förmlich, schlechte Resultate zu erzielen. Mein Instinkt sagte mir, dass mich die Überflügelten hassen könnten, und ich war gerne beliebt."* Jedoch blieb es aber bei den guten Benotungen, die nicht selten auch ein „sehr gut" enthielten. Der Schulunterricht als solcher war zu jener Zeit geprägt von einer gewissen Strenge, Zucht und Ordnung; auch die Lehrer entsprachen ganz dem Bild jener Zeit, das uns heute mehr amüsiert als erregt und in dem Film *Die Feuerzangenbowle* so unnachahmlich nachgestellt ist. Bei Walser hieß es ähnlich: *„Merz ist unter sämtlichen Lehrern scheinbar der gebildetste, er schreibt sogar Bücher; aber dieser Umstand hindert seine Schüler nicht, ihn von Zeit zu Zeit lächerlich zu finden. Er ist Geschichts- und zugleich Deutschlehrer; er hat einen übertrieben hohen Begriff von allem, was klassisch ist [...] Wenn er von den alten Griechen erzählt, leuchten seine Augen hinter den Brillengläsern."* (Echte 2008, S. 29) Dennoch knallte es zuweilen Ohrfeigen oder Prügel. Besonders Rektor Wyß, so Walser, habe sich hervorgetan. Der verstand es nämlich ausgezeichnet zu verprügeln. Der Rektor hatte scheinbar kein schlechtes Gewissen dabei und empfand das Prügeln als ordnungsgemäße Handlung. Tatsächlich war Jakob Wyß ein vehementer Gegner der Prügelstrafe. Aber es gab auch Lustiges zu

110

berichten, so gab es in der Schulklasse einen Fritz Kocher, der sich in der Arithmetikstunde von der Bank erhob, den Zeigefinger dumm in die Höhe streckte und den Lehrer Bur bat, ihn wegen eines „Durchlaufs" (Durchfall) hinausgehen zu lassen. Lehrer Bur kannte die Marotten seiner Schüler nur allzu gut und so bat er Kocher sich wieder hinzusetzen und Ruhe zu bewahren. Es ging ein schallendes Lachen durch den Klassenraum. Nach Beendigung der Schule fing Robert Walser eine Lehre in der Kantonalbank von Biel an. Auch dort bewährte er sich als guter und lernbereiter Auszubildender, dem nur ein bestes Zeugnis ausgestellt werden konnte. Und tatsächlich enthielt das Zwischenzeugnis nur lobende Worte, so habe er sich in verschiedenen Büroarbeiten ausbilden lassen, verfüge über eine schöne Handschrift, sei fleißig und habe ein gutes Betragen. Kurz: man war mit ihm zufrieden und könne ihn deshalb weiterempfehlen. Doch der Musterlehrling verlor immer mehr das Interesse an einer Büroausbildung und wurde im dritten Lehrjahr vom Direktor „in forma zum Teufel" gejagt. Nur dem Umstand, dass der Direktor Roberts Vater kannte, ist es zu verdanken, dass er nicht schon früher gehen musste. *„Ich war unlustig geworden zu jeder Arbeit und frech zu den Vorgesetzten, die ich nicht für würdig befand, mir Befehle zu erteilen […] man suchte mir eine Stelle in einer entfernten Stadt, nur um mich loszuwerden, mit dem doch nichts anzufangen war. So kam ich fort."* (Echte 2008, S. 41) Mit wechselnden Bürostellen versuchte sich der Dichter Robert Walser über Wasser zu halten. Auch eine Dienerschule besuchte er. Walsers Einkommen war zeitlebens gering, und sein unstetes Leben hinterließ deutliche Spuren in seiner Lebensbiografie. Der Dichter mit dem Zwergenblick führte ein Doppelleben, das ganz dem Schreiben gewidmet war. Nur darin fand er zu sich und zu seiner Kunst.

**Literaturnachweis:**

Fröhlich, Elio/ Hamm, Peter, *Robert Walser Leben und Werk in Daten und Bildern,* Insel Verlag Frankfurt a. Main 1980, insb. S. 22.

Echte, Bernhard (Hrsg.), *Robert Walser – Sein Leben in Bildern und Texten,* Suhrkamp Verlag Frankfurt a. Main 2008, insb. S. 29, 31, 38, 41.

# Hermann Hesse

1877–1962 dt. Dichter und Maler

## Weltschmerz und Geistesverwirrung

Wechselnde Schulen, ein Klosteraufenthalt, Beistand durch Geistliche und Therapeuten vermochten es nicht, Hermann Hesse auf den rechten Weg zu bringen. Der eigenwillige, verstockte, in sich gekehrte und hochsensible Schüler litt nicht nur an allerlei psychosomatischen Symptomen, er stieß auch immer wieder mit den Autoritäten der Lehranstalten zusammen. Allein schon durch ihre bloße Präsenz lösten sie in ihm Unsicherheit und Angst aus. Denn die meist älteren Männer übten nicht nur Macht über die Schüler aus, sie entschieden auch über deren Zukunft. Außerdem trugen sie entscheidend zur Schulatmosphäre bei, und die war manchmal einfach nur zum Fortlaufen. Unter den restriktiven Vorgaben litt Hesse ganz besonders. Er war ein Dauerausreißer, den es oft nicht lange an einer Schule hielt. So lief er einmal ohne ersichtlichen Grund aus der Klosterschule von Maulbronn davon und galt danach als vermisst. Daraufhin machten sich ganze Schulgruppen auf den Weg, um den Ausreißer wieder einzufangen. Zufällig griff ein Jäger, den scheinbar orientierungslosen Schüler auf. Hesses Eltern waren alarmiert, aber auch überfordert, denn zuhause nahm der Sohn immer weniger am Familienleben teil. So ließ er sich zu Spaziergängen mit den Eltern nicht bewegen. Dagegen plagten ihn Kopfschmerzen, Schwindelanfälle und Fieber, die eine Einnahme von Arzneien notwendig machten. Besser wurde es aber danach auch nicht. Hesse war viel und gern allein. Er las viel und

112

war ständiger Gast in der Bibliothek seines Großvaters, die an Büchern und Schriften reich bestückt war. Zudem fand er Trost in der Musik, die ihn Zeit seines Lebens begleiten sollte. Was könnten also die Gründe für sein absonderliches Verhalten gewesen sein? Schlimmer noch: zuweilen überfielen den bettlägerigen Schüler Selbstmordgedanken, er haderte mit sich und der Welt. Als man den Flüchtigen aufgriff und ihn zu seinen Beweggründen befragte, wich er aus. Sein Blick wurde melancholisch und verfing sich im Nirgendwo der Ferne. Schulmeister Paulus benachrichtigte die Eltern und schrieb ihnen einen ausführlichen Brief. Nach Schilderung des Vorfalls kam Marie, die Mutter von Hermann Hesse, zu der Einsicht, dass Weltschmerz und Geistesverwirrung im Spiel seien, aber keine geplante Bosheit. Also konnte der Junge gar nicht so schlecht sein. Die verzweifelten Eltern machten sich dennoch große Sorgen und brachten Hesse erst einmal in eine Nervenheilanstalt. Doch auch hier scheiterten die Therapeuten an der störrischen und bockigen Haltung des Jungen. Nach allem was vorgefallen war, glaubten seine Eltern ihn wieder auf eine reguläre Schule schicken zu müssen, am besten gleich auf ein Gymnasium. Man einigte sich auf das Cannstatter Gymnasium, auch weil es Hesses Wunsch war. Zunächst schickte Hesse Briefe an seine Eltern, die den Schulalltag in heiterem Licht erscheinen ließen. Darin berichtete er von Wanderungen in die Umgebung, von einem Unfall beim Schlittschuhlaufen, von neuen Freunden und sonstigen kleineren und größeren Ereignissen. Stark zu schaffen machte ihm die Beziehung zu seiner ersten Liebe, Eugenie Kolb. Sie war auch insgeheim der Grund, weshalb er unbedingt auf das Cannstatter Gymnasium wollte. Doch statt an Stabilität und Lebensmut zu gewinnen, verlor er mehr und mehr an Halt, und geriet erneut in eine Krise. Nun tauchten wieder die alten Selbstmordgedanken auf. An einem Scheidepunkt angekommen, suchten die Eltern nach einem Ausweg. An eine Schulkarriere mit Abitur und Universitätsabschluss war nun nicht mehr zu denken. Es mangelte ihm nicht an Intelligenz, davon waren seine Eltern überzeugt, sondern einfach an seiner seelischen Disposition. Seine innere Verfasstheit und Labilität ließen keine anderen Rückschlüsse zu. Die Enttäuschung war groß. Jetzt galt es, für ihren Sohn die richtigen Weichen zu stellen, damit sein Leben nicht ganz aus dem Ruder geriet. Da die Besserungsanstalten auf Hesse keine positiven Wirkungen zeigten, versuchte man es mit praktischen Tätigkeiten. Irgendwie musste der Junge beschäftigt und von seinen Nöten abgelenkt werden. In der Turmuhrenfabrik von Heinrich Perrot in Calw fand man denn auch eine Möglichkeit, den ruhe- und perspektivlosen Schüler unterzubringen. Zwar war Hermann Hesse alles andere als praktisch veranlagt, konnte sich aber gut in der Fabrik einfinden und empfand diesen Zustand als Befreiung von der pädagogischen Willkür seiner Lehrer. Der ehemalige Lateinschüler macht seine Arbeit gut und sagte von sich selbst: *„Ich bin seit Cannstadt ein Anderer geworden, ruhiger und klarer im Urteil, selbständiger."* (Freedman 1999, S. 26) Dennoch konnte er sich nicht zu einer Technikerausbildung durchringen und meinte, es nun im Kaufmännischen versuchen zu müssen. Manchmal spielt das Glück im Leben eines Menschen eine entscheidende Rolle, so auch bei Hesses Berufswahl. Über eine Anzeige, die ausdrücklich „einen jungen Mann mit Lateinbildung" suchte, gelangte Hesse zu einer Buchhandelslehre in Tübingen. Die Buchhandlung *Heckenhauer* hatte einen guten Ruf und verfügte über eine erlesene Kundschaft, die von kompetenten Mitarbeitern betreut wurde. Hier erwartete ihn ein Zwölfstunden-Tag mit wenig Zeit für andere Dinge. Dennoch gelang es ihm, die reizvolle Umgebung zu erkunden und die anregende Atmosphäre in Tübingen zu genießen. Das lag wohl auch an dem studentischen Leben in der Stadt, an dem er mit zahlreichen Wirtshausbesuchen teilnahm. Für Hesse also der richtige Ort, wo Vieles zusammenfloss, wovon er immer träumte. Hier konnte er seine literarischen Interessen ausleben und am studentischen Leben teilnehmen. Für ihn war es in jeder Hinsicht anregend und stimulierend. Sollte also aus dem gescheiterten Schüler doch noch ein veritabler Berufsanfänger werden? Jedenfalls deutete Vieles darauf hin. Mehr noch. Hier in Tübingen begann eigentlich seine literarische Laufbahn, die ihn noch zu höchsten Ehren bringen sollte. In dem Zeugnis, dass der Inhaber der Buchhandlung *Heckenhauer*, ein Herr Sonnewald, dem Lehrling ausstellte, hieß es, dass er (Hermann Hesse) in der Lage sei *„auch in anderen Geschäften einen Gehilfenposten mit Erfolg auszufüllen"*. Den nun ausgebildeten Buchhändler zog es jetzt in eine größere Stadt. Basel empfand er als attraktiv genug, um hier seine Existenz als Buchhändler und Schriftsteller fortzusetzen. Zu dieser Zeit wurde die Stadt von zwei großen Geistern geprägt, die das intellektuelle Klima von Basel bestimmten: Jacob Burckhardt und Friedrich Nietzsche. Von Basel aus unternahm der junge Hesse, dem es auch nicht mehr so sehr an Geld mangelte, Reisen nach Italien. Bald sollten die ersten Erzählungen und Romane erscheinen und die schriftstellerische Existenz des Autors legitimieren. Hätte man also Hermann Hesse zu einer Schulkarriere auf Biegen und Brechen gezwungen, und hätte man ihn von Unterrichtstunde zu Unterrichtsstunde gehetzt, ihn weiterhin Therapeuten und unwilligen Lehrern ausgesetzt, wäre er nicht zu dem Literaturnobelpreisträger geworden, wie ihn die literarische Welt kannte. Er wäre vielleicht Fabrikarbeiter, Buchhandelsgehilfe oder Gärtner geworden, aber nicht der Dichter, von dessen Werken noch heute der Zauber eines großen Neubeginns ausgeht.

**Literaturnachweis:**

Freedman, Ralph, *Hermann Hesse*, Suhrkamp Verlag Frankfurt a. Main Erste Auflage 1999, insb. S. 26.

# Rainer Maria Rilke

1875–1926 österr. Dichter

## Mythos Schulzeit

Vor seinem Vater hatte Rainer Maria Rilke am meisten Angst, und so vertraute er seine Niederlagen – ganz gleich welcher Art – seiner Mutter an. Als es wieder einmal nicht so recht mit dem Turnen klappen wollte, bat er sie, es unter keinen Umständen „dem Papa" zu sagen. In Turnen und Sport waren seine Leistungen äußerst schwach. Das veranlasste den Vater, Einfluss auf die Mutter zu nehmen. Beide lebten getrennt voneinander, um endlich ihren Sohn vom Dichten abzubringen. Schließlich war für eine Offizierslaufbahn die Wortkunst unerheblich, körperliche Ertüchtigung aber notwendig. So schieden sich zwei Geister in der Person des jungen Rilke: die des feminin angelegten Künstlers und die des maskulin ausgerichteten Temperaments eines Kämpfers. Noch blieb er im Unentschiedenen gefangen, aber doch mehr und mehr wissend, dass sich die feminine Ausrichtung in Form eines Künstlerlebens durchsetzen würde. Ihm schien die Rolle des Dichters angemessen. Rilke gab sich immer mehr der Dichtkunst hin. Beruhigt waren die Eltern lediglich über den Inhalt seiner Texte, die sich mit dem Soldatenleben beschäftigten. Es konnte nur ein schwacher Trost für Rilke sein, dass auch Friedrich Schiller über Krieg und Soldatentum schrieb. Einige seiner Schriften zeugen davon. Warum sollte er dies nicht auch tun? Das Dilemma aber wurde offensichtlich, denn dem Wunsch nach einer freien Dichterexistenz konnte er nicht mehr länger ausweichen. Andererseits war ein Mittelweg, den viele schon vor ihm gegangen sind, vielleicht nicht das Schlechteste. Einerseits Offizierslaufbahn, andererseits Dichter als Nebenberuf. Doch es kamen immer mehr Zweifel auf, kämpften doch zwei gegensätzliche Prinzipien in seiner Brust. Die Aussichten waren nicht gerade verheißungsvoll, als er im Frühjahr 1890 die Militärunterrealschule in St. Pölten verließ, um an die Militäroberrealschule in Mährisch-Weißkirchen zu wechseln. Zumindest wollte er in den nächsten Jahren an dieser Schule seine Bildungsmängel beheben und bis zum Ende durchhalten. Aber noch immer träumte er von einer Dichterlaufbahn, und so rückte die Offizierskarriere immer mehr in weite Ferne. Doch bevor es so richtig an der Schule losgehen konnte, musste er die Aufnahmeprüfung bestehen. Gut, dass er vorher noch ein wenig ausspannen und sich vorbereiten konnte. Der Aufenthalt bei seinem Onkel Jaroslav, in dessen Villa Excelsior am Stadtrand von Prag, brachte zwar nicht die dringend erwünschte Sommerfrische, dafür aber eine Menge Nachhilfestunden in Geometrie und Physik. Und die hatte er bitter nötig, denn auch in diesen Fächern schwächelte der Schüler. Dann ging es zur Prüfung nach Wien. Es vergingen zahllose Wochen bis zur Mitteilung über das Prüfungsergebnis. Eine qualvolle Zeit. Nächtelang wälzte er sich in seinem Bett herum, geplagt von Alpträumen und der Vorstellung, es nicht geschafft zu haben. Endlich konnte er Anfang September der Mutter vermelden, dass er die Prüfung – wenn auch nicht mit sensationellem Erfolg – bestanden habe und nun auf einem guten Wege sei. Ein Stein fiel ihm vom Herzen, und seiner Mutter vermutlich auch. Der Prüfungsbescheid war für eine Ausbildung zum Offizier in der österreichisch-ungarischen Armee unabdingbar, und so war eine wesentliche Hürde genommen. Rilke konnte nun in Mährisch-Weißkirchen die Militäroberrealschule besuchen. Es wurde ernst. Die Akademie befand sich in einer Burg und war durch einen Flussgraben vom Umland getrennt. Schon das Portal am Eingang machte Eindruck auf die Eintretenden. Wappen und Waffen zierten das Eingangsportal, sodass jeder wusste, wessen Geist hier weht. Doch es gab auch hohe Bücherwände, dessen Bestände ihn beeindruckten und neugierig machten. Zwölf Kadetten mussten sich jeweils einen Schlafraum teilen, man nahm es hin. Das Areal als solches war großzügig gestaltet, sodass die Ankömmlinge auch darüber überrascht waren. So schien alles in bester Ordnung zu sein. Freundschaften habe er geknüpft, schrieb er seiner Mutter, und beruhigte damit ihr Gemüt. Dieser Zustand hielt jedoch nicht lange an. Wenige Wochen später erkrankte Rilke an einer Lungenentzündung und wurde daraufhin ins Anstaltsspital verlegt. Erschwerend für diese Krankheit kam noch seine seelische Verfassung hinzu, die nicht gerade rasche Genesung verhieß. Rilke klagte zunehmend über Ängste, Depressionen, Kopfschmerzen, innere Unruhe und Schlaflosigkeit. Die Nervenzerrüttung des Kadetten nahm bedenkliche Formen an und so wurde ein sechswöchiger Kuraufenthalt bei Salzburg beschlossen. Doch auch dort wurde er von ständigem Gemütswechsel geplagt. Besserung war nicht in Sicht. Scheinbar litt er unter der „brutalen Atmosphäre" der Militäroberrealschule. Es blieb als letzter Ausweg nur der Austritt aus der Schulanstalt übrig. Wäre er seiner inneren Stimme von Anfang an gefolgt, hätte er sich dies alles ersparen können. Selbstvorwürfe machten sich breit und Grübeleien über sein weiteres Schicksal. Fünf Jahre Militärerziehung hatte er über sich ergehen lassen, jetzt war er an einem Nullpunkt angelangt. Wie und warum er die Schule verließ, kann heute nicht mehr eindeutig beantwortet werden. Es kann die lange Abwesenheit durch seinen Kuraufenthalt, eine Selbstverschuldung oder auch die bloße Erkenntnis, dass die Offizierslaufbahn ein Fehlschluss war, den Ausschlag gegeben haben. Im Nachhinein stellte sich die Zeit in den Militärschulen als ein Trauma für ihn heraus, das er immer wieder zu verdrängen suchte: „[…] *aber auch später noch, da ich mich […] geschützter fand, erschien mir jene […] gewaltige Heimsuchung meiner Kindheit unbegreiflich, und ich vermochte ebenso wenig ihr undurchdringliches Verhängnis zu verstehen, wie das Wunder, das mich schließlich – vielleicht im letzten Moment – aus dem Abgrunde unverschuldeter Not befreien kam."* (Freedman 2001, S. 37) Tatsächlich fühlte er sich jetzt von einer großen Not befreit, aber seinen eigentlichen Lebenstraum, eine Dichterexistenz anzustreben, ist er damit nicht nähergekommen. Die Ambivalenz seines Wesens trug dazu bei, dass andere für ihn die Entscheidung trafen. So war es auch diesmal. Gedichte mögen zwar eine hohe Kunstform sein, können aber keinen Menschen ernähren. Rilke sollte deshalb einen Brotberuf erlernen, befand die Familie. War er schon nicht fürs Militär tauglich, so wollte man kein weiteres Risiko eingehen und ihn jetzt für das Zivilleben fit machen. Dazu bot sich ein dreijähriger Kursus an der Handelsakademie in Linz an. Zu seiner Freude wurde nun auch ein Gedicht von ihm abgedruckt, sodass eine Doppelexistenz vielleicht doch kein Nachteil sein musste. Brotberuf und Schreibkunst ließen sich möglicherweise gut verbinden. Wie so oft in seinem Leben stellte sich dies als Trugschluss heraus. Der ehemalige Kadett hatte zwar den Kleiderrock des Kaisers abgelegt, nur um ihn erneut wieder anzuziehen. Zum Glück war das Lehrpensum an der Handelsakademie übersichtlich, es überforderte ihn nicht. Nun stand ihm genügend freie Zeit zur Verfügung, die er mit Theaterbesuchen, Lektüre und eigenen Schreibarbeiten ausfüllte. Rilke versuchte sich neben seinen eigenen Gedichten auch an größeren Prosatexten, die er einem interessierten Publikum – meist seinen Mitschülern – vortrug. Zudem gelang es ihm Kontakt zu einem jungen Schriftsteller herzustellen, dessen gegenseitiger Austausch ihn förderte und ermutigte. Rilke wurde von seinen Mitschülern akzeptiert, er galt als höflich, freundlich und intelligent. Viele hatten aufgrund seiner Gedichtkunst Respekt und Hochachtung vor ihm. Rilke selbst sah seiner kaufmännischen Berufswahl gelassen entgegen, denn immerhin hatte er jetzt mehr Zeit denn je, um sich literarisch zu betätigen. Dann passierte etwas, das ihn ganz aus der Bahn werfen und seinem Leben eine andere Richtung geben sollte. Rilke verliebte sich. Er verliebte sich in ein Kindermädchen, das einige Jahre älter war als er. Das unpassende Verhältnis, wie es einige sahen, kam auch seinem Vater zu Ohren. Der telegraphierte mit seinem Sohn und ermahnte ihn dringlich, das Verhältnis aufzulösen. Die beiden dachten nicht daran und brannten durch. Dies hatte Konsequenzen. Rilke flog von der Schule. Letztendlich war sein Ausflug mit der Angebeteten nach Wien auch nützlich für seinen weiteren Werdegang, hatte er dort den Herausgeber einer literarischen Monatsschrift aufsuchen können, der gewillt war, einige Sachen von ihm abzudrucken. Aus der „Comptoirzukunft" wurde nun nichts mehr, worüber Rilke gar nicht so traurig war. Die Familie hielt nun wieder ihre Hand über ihn. Man beratschlagte, wie es wohl mit ihm weitergehen könne. Onkel Jaroslav meinte, dass aus ihm vielleicht ein guter Anwalt werden könne, denn sprachlich und verhandlungsmäßig hätte er das Zeug dazu. Doch dazu brauchte der Gestrauchelte erst einmal das Abitur, bevor es mit dem Jurastudium losgehen konnte. Nicht immer gelang ihm das Lernen mühelos, er tat sich zuweilen schwer damit. Das wusste auch sein Onkel, weshalb er ihm zur Vorbereitung auf das Abitur Privatunterricht finanzierte. Er wollte ihm damit auch die Rolle des Klassenältesten ersparen. Rilke war durch sein schulisches Versagen arg ins Hintertreffen geraten und hinkte den Jüngeren hinterher, das konnte ihn zur Zielscheibe für Spott und Hohn machen. Erstaunlicherweise lernte

Rilke unter der Obhut des Privatlehrers sehr gut. Daneben hatte er auch noch Zeit für Literarisches, knüpfte während eines Sommeraufenthaltes im nordböhmischen Städtchen Schönfeld Kontakte zu Fürstin von Thurn und Taxis. Eine Verbindung, die sich als fruchtbar erweisen sollte. Zurückgeehrt nach Prag, legte er sich ins Zeug und büffelte hart. Jetzt wollte auch er die juristische Laufbahn einschlagen. Es gelang ihm schließlich, das Pensum von sechs Klassen Latein in einem Jahr nachzuholen – dank des finanzierten Privatunterrichts seines Onkels. Zwischendurch musste er einige schriftliche Arbeiten und Prüfungen an externen Schulen ablegen, damit er am Ende zur Abiturprüfung zugelassen werden konnte. Das Abitur schaffte er mit Auszeichnung. Keiner hätte ihm diese Leistung zugetraut, auch Rilke selbst übertraf sich in seiner Einschätzung. Ende gut, alles gut?! Nein, denn statt mit dem Studium zu beginnen, wendete sich Rilke nun ganz der Dichtkunst zu. Unglücklicherweise verstarb in diesem Jahr auch noch sein Förderer und Mentor Onkel Jaroslav. Andererseits aber war er jetzt frei und musste sich nicht mehr vor ihm rechtfertigen. Rilke verstärkte jetzt seine Kontakte zu Literaten, Schriftstellern und Kulturschaffenden. Bald konnte er ein Netz von Mäzenen, Förderern und einflussreichen Persönlichkeiten knüpfen, die ihn unterstützten und zu einem bedeutenden Dichter machten. Er war am Ziel, auch wenn es einiger Umwege bedurfte.

**Literaturnachweis:**

Freedman, Ralph, *Rainer Maria Rilke – Der junge Dichter,* Insel Verlag Frankfurt a. Main 2001, insb. S. 37.

# Thomas Mann
1875–1955 dt. Schriftsteller

## Die Stunden absitzen

Konditor oder Trambahnschaffner wollte er werden, so der berühmte Schriftsteller in seinen späteren Erinnerungen. Doch aus dem verträumten Kind, das zärtlich seinem Schaukelpferd zugetan war, wurde der Nobelpreisträger Thomas Mann. Der Junge, dessen Interesse an Bleisoldaten und Eisenbahn, an Technik und Kriegsspiel eher gering war, machte seinem Vater, der darin eine Unterentwicklung der männlichen Eigenschaften sah, Sorgen. Dennoch war, wie Thomas Mann einmal schrieb, seine Kindheit „gehegt und glücklich." Ernst und welthaltig wurde sein Leben erst mit Beginn der Schulzeit. Als Sohn aus feinem Hause besuchte er ab Ostern 1882 anstelle der Volksschule eine Privatschule, danach ging es an das Progymnasium des Dr. Bussenius, wo er sechs Klassen durchlaufen musste. Neben den drei Grundschulklassen, die Sexta, Quinta und Quarta des Gymnasiums. Hier blieb er in der Quarta das erste Mal sitzen. *„Die Schule war doch eigentlich eine Angstpartie"*, (Kurzke 1999, S. 33) gestand er noch im hohen Alter ein, und sah sich – den Angstschweiß auf der Stirn – den ungeliebten Turnstunden gegenüber. Besonders Barren und Reck machten ihm zu schaffen. Und so sind die Beobachtungen eines Mitschülers durchaus glaubhaft: *„Er übte diesen Unfug gegenüber souverän passive Resistenz, fasste Reck und Barren nur gleichsam symbolisch mit den Fingerspitzen an und streifte dieses seiner unwürdige Gerät mit einem vor Verachtung förmlich blinden Blick."* (Kurzke 1999, S. 34) Wie nicht anders zu erwarten, wurde ihm in dieser Disziplin ein „mangelhaft" bescheinigt. Überhaupt war sein Verhältnis zur Schule ein „feindseliges." Er empfand das Schulinstitut mit seinen wilhelminischen Abrichtungsmethoden, seinem militärischen Drill und seinem rigorosen Stundenplan als eine Folter, den Schulhof als Exerzierplatz. *„Ich verabscheute die Schule, verachtete sie als Milieu, kritisierte die Manieren ihrer Machthaber und befand mich früh in einer Art literarischer Opposition gegen ihren Geist, ihre Disziplin, ihre Abrichtungsmethoden"* (Kurzke 1999, S. 34), so sein Fazit. Da überrascht es auch nicht, dass Tommy, wie er liebevoll im Kreise der Familie genannt wurde, für seine Lehrer nur Spott und Hohn übrig hatte. In seinem Roman *Buddenbrooks* karikiert er einen Lehrer mit folgenden Worten: *„Er nahm sein Notizbuch zur Hand und blätterte schweigend darin; da aber die Ruhe in der Klasse vieles zu wünschen übrigließ, erhob er den Kopf, streckte den Arm auf der Pultplatte aus und bewegte, während sein Gesicht langsam so dunkelrot anschwoll, dass sein Bart hellgelb erschien, seine schwache und weiche Faust ein paar Mal kraftlos auf und nieder, wobei seine Lippen eine halbe Minute lang krampfhaft und fruchtlos arbeiteten... [...] Dies war so Oberlehrer Ballerstedts Art und Weise."* (Kurzke 1999, S. 33) Und in der Tat verhielten sich seine Lehrer oft allzu streng und unbeherrscht.

War ein Schüler durch unflätiges Benehmen aufgefallen, setzte es Ohrfeigen oder Prügel. *„Herr Gottschalk, der große Pädagoge"*, heißt es von einem Lehrer im altehrwürdigen Katharineum, *„hatte die schöne Gewohnheit, uns, bevor er uns durchprügelte, zu fragen, ob wir einsähen, daß wir Strafe verdient hätten. Das ängstliche Ja, das zur Antwort ihm ward, pflegte nicht von Herzen, wohl aber aus einer bangen Ahnung zu kommen, daß wir, wenn wir Nein sagten, noch viel mehr Prügel erhalten würden."* (Kurzke 1999, S. 35) Doch das hielt ihn und seine Mitschüler nicht davon ab, weiterhin Blödsinn, Spott und Achtlosigkeit auf die Spitze zu treiben. Ganz nach der Devise und dem Bekenntnis *„Wenn schon Blödsinn – dann schon gehörig. Das ist ein unbestreitbar richtiges Prinzip. Daher geh' ich auch nicht gern zur Schule."* Wo aber nahm jener schwache Schüler bei allem Widerwillen sein Selbstverständnis und seine Überlegenheit her? War es Hochmut, Standesdünkel oder gar Selbstüberschätzung? Der Sprössling aus einer wohlhabenden und elitären Gesellschaftsschicht war sich seiner Standeszugehörigkeit bewusst. Auch seine Mitschüler hatten alles andere als eine proletarische Herkunft. In seinem

Klassenzimmer saßen Schüler mit Geist und Adel. Unter ihnen waren so bekannte Mitschüler wie Hermann Graf Vitzthum von Eckstädt, Sohn eines Zeremonienmeisters bei Kaiser Wilhelm II., Detlev Graf von Reventlow und Eberhard Graf Schwerin, das Vorbild für Kai Graf Mölln in *Buddenbrooks.*

*„Faul, verstockt und voll liederlichen Hohns über das Ganze"* (Kurzke 1999, S. 34f.), sei er gewesen, und damit meinte er seine Zeit als Schüler in den damaligen Bildungsanstalten. Da richteten auch die Drohungen seitens der Lehrerschaft wenig aus, das schmetterte nur so an ihm ab: *„Ein Lehrer drohte, zufällig nicht mir, sondern einem anderen Schüler, mit den Worten: ‚Ich werde dir deine Karriere schon verderben!'"* (Kurzke 1999, S. 35f.) Ihm war schon früh klar, dass er zum Dichter berufen ist und deshalb eine Karriere nicht in Frage kommt. Wozu sich also dem Schulstress aussetzen? Wozu überhaupt ein Abitur? Dazu schrieb Thomas Mann 1917 allen Ernstes folgende Zeilen: *„Wer die neun Klassen des Gymnasiums durchlief, dem sollte man mit einem anerkennenden Händedruck den Ausgang zur Hochschule freigeben und nicht noch ein halsbrecherisches Hindernis davorlegen. Achtzehn, neunzehn Jahre sind überhaupt kein Alter, um jemanden in irgend feierlichen und entscheidenden Sinne zu ‚prüfen'. Man versteht da das Leben noch nicht, man liebt die Arbeit noch nicht, man ist vorläufig ein träumerischer Faulpelz [...]"* (Kurzke 1999, S. 37). Mit einer solchen Einstellung, das wissen Lehrer und Eltern nur allzu gut, wird eine Schul- und Bildungskarriere schnell ein jähes Ende nehmen. Und so war es dann auch. Thomas Mann, dessen Leistungen nicht ausreichten um versetzt zu werden, blieb mehrmals sitzen. Die Zeugnisse wiesen oft nur ein „befriedigend", „noch befriedigend" oder nur „teilweise befriedigend" aus. Die beste Note erhielt er in Religion: „recht befriedigend." Aber nicht nur in der Quarta blieb er sitzen. Zweimal musste er die Untertertia, Obertertia und ebenfalls zweimal die Untersekunda nachholen. Dabei besuchte er lediglich den realgymnasialen Zweig, der für eine kaufmännische Ausbildung ausreichte; eine humanistische Schulbildung genoss er nicht. Sitzenbleiber leiden nicht zwangsläufig unter ihrer Degradierung und Aussonderung, so war es auch bei ihm. Heiter und gelöst sei er in den letzten beiden Schuljahren gewesen: *„Ich saß die Stunden ab, lebte aber im Übrigen sozusagen auf freiem Fuß."* (Kurzke 1999, S. 36) Letztlich ging er mit knapp 19 Jahren ohne Abitur von der Schule. Der Autodidakt, dessen Bildungsfülle in seinen

Werken die Nachwelt noch immer in Staunen versetzt, hat sich die deutsche Bildung selbst beigebracht, und zwar bedarfsgerecht und nach Interessenslage. Entscheidend für seinen Werdegang zum Schriftsteller waren die Lektüreauswahl, die Theater und Opernbesuche und die Beschäftigung mit den Literaturen anderer Autoren. Auch das Leben im Künstlerviertel Schwabing trug zu seinen Bildungserlebnissen bei. Geblieben ist vom herkömmlichen Bildungsgang lediglich der unregelmäßige Besuch als Gasthörer an der Technischen Universität von München, wo er Vorlesungen über Nationalökonomie, Mythologie, Ästhetik, Geschichte und Literaturgeschichte hörte. Immerhin keine schlechte Grundlage für einen angehenden Dichter von Weltformat.

**Literaturnachweis:**

Kurzke, Hermann, *Thomas Mann – Das Leben als Kunstwerk,* C. H. Beck Verlag München 1999, insb. S. 33–37.

# Melitta Bentz

1873–1950 dt. Hausfrau und Erfinderin

## Karriere mit Löschblatt

Wozu das Löschpapier in den Schulheften sonst noch gut sein kann, zeigt die Erfindung von Melitta Bentz. Kein Schüler und kein Lehrer wäre wohl auf die Idee der erfahrenen und praktisch veranlagten Hausfrau Melitta Bentz gekommen. Denn der Respekt vor dem tintenaufsaugenden Blatt saß bei Schülern und Lehrern tief. Also scheute man jeden Missbrauch. Außerdem war ihnen der Alltagsgegenstand nur allzu vertraut und ließ damit keinen Spielraum für andere Nutzungsformate. Nicht so bei Melitta Bentz. Ihre Schulbesuche lagen schon eine kleine Ewigkeit zurück, mussten doch aber irgendwie Spuren in ihr hinterlassen haben. Zudem ging ihr Sohn zur Schule, der mit Schulheften und Löschpapier reichlich ausgestattet werden musste. Das sollte ihr bei ihrer Erfindung helfen. Die Dresdner Hausfrau war den Satz in ihrem Kaffee leid, denn die damals zum Filtern des Kaffees üblichen Metall- oder Keramiksiebe verstopften entweder, oder aber ließen größere Mengen des Kaffeepulvers durch. An einem Tag im Jahre 1908 verfiel Melitta Bentz spontan auf eine Notlösung: Sie durchlöcherte den Boden eines Messingtopfes mit Hammer und Nagel und legte ein Löschblatt aus einem Schulheft ihres Sohnes hinein. Fertig war das Filterverfahren. Melitta Bentz und ihr Mann waren von dieser einfachen, aber wirkungsvollen Filtermethode selbst verblüfft. Sie begriffen aber rasch, dass sie eine für die Kaffeeliebhaber revolutionäre Erfindung gemacht hatten. Kurzerhand wurde der „*Kaffeefilter mit auf der Unterseite gewölbtem und mit Vertiefung versehenem Boden sowie mit schräg gerichteten Durchflusslöchern und dazugehörigem Filtrierpapier"*, so lautete der Text der Patentschrift, beim Kaiserlichen Patentamt zu Berlin angemeldet und die Firma M. Bentz, ins Dresdner Handelsregister eingetragen. Startkapital: 73 Reichspfennig. Erste Mitarbeiter: Der Ehemann und die beiden noch minderjährigen Söhne. Schon bald wurde die Erfindung der Melitta Bentz mit zahlreichen Medaillen geehrt. Das „Filtrierpapier" war nun auf vielen Messen Gesprächsthema. Mitte der 1920er-Jahre waren bereits 100.000 Kaffeefilter hergestellt worden. Nachahmer konnten nicht ausgeschlossen werden und so entschied man sich 1925 für den auch heute noch rot-grünen Markenauftritt. Heute beschäftigt die 1929 nach Minden umgesiedelte Firma weltweit mehrere Tausend Mitarbeiter, die für den täglichen Kaffeegenuss sorgen. Schule und Löschblatt sei Dank!

**Literaturnachweis:**

Leonhardt, Roland, *Wie das Krokodil aufs T-Shirt kam,* Cornelsen Verlag Scriptor GmbH & Co. KG Berlin 2009.

# Rosa Luxemburg

1871–1919 dt. Vertreterin der deutschen Arbeiterbewegung

## Quotenschülerin mit Fleiß

Als man den Gipsverband von ihrem Fuß löste, dachte man es sei alles in Ordnung. Doch schnell stellte sich heraus, dass Rosa Luxemburg hinkte und wahrscheinlich ihr Leben lang an dieser Behinderung leiden würde. Tatsächlich litt sie unter einem verkürzten Bein. In Anbetracht ihrer vier Brüder, die allesamt wohlgeraten waren und eine stattliche Figur machten, fühlte sie sich zurückversetzt, eingeschränkt und benachteiligt. Als kleines Kind litt Rosa oft unter dem Spott der anderen Kinder, die sie als „Hinkebein" bezeichneten. Im Laufe der Jahre lernte sie besser damit umzugehen und den Makel zu ignorieren. Sie spielte die Unbelastete, unbekümmerte Frohnatur, die wie andere Kinder zu Späßen und Streichen aufgelegt war. Im März 1880 wurde Rosa Luxemburg im Alter von zehn Jahren in die erste Klasse der Staatsschule aufgenommen. Bis dahin erhielt sie Privatunterricht. Das russische Zweite Gymnasium für Mädchen zu besuchen, war ihr eine Herzensangelegenheit, fühlte sie sich doch zuhause zunehmend isoliert. Von der Schule versprach sie sich Lebendigkeit, spannenden Lernstoff und das Zusammensein mit gleichaltrigen Mädchen. Andererseits plagten sie Sorgen, ob sie den Anforderungen eines jüdischen Mädchens auch entsprechen könne. Ihr war klar: jüdische Mädchen wurden erst dann akzeptiert, wenn sie durch außergewöhnliche Leistungen auffielen. Schon damals gab es für jüdische Mädchen eine Quote an den Schulen. Und so musste sie die Aufnahmeprüfung mit ganz besonders guten Noten bestehen, wenn sie aufgenommen werden wollte. Rosa Luxemburg bestand die Aufnahmeprüfung mit guten Noten. Allerdings gab ihr die Quotenregelung doch sehr zu denken. Sie fand das Aufnahmeverfahren für Schüler jüdischer Herkunft einfach ungerecht. Warum sollte eine Quote darüber entscheiden, ob jüdische Mädchen ein Gymnasium besuchen dürfen oder nicht? Und warum hatten sich nur Schüler jüdischer Herkunft dieser Quote zu unterziehen? Diese Fragen bewegten das sensible Mädchen sehr. Das selbstsichere Auftreten der anderen Schülerinnen war ihr aus mehrfacher Hinsicht verwehrt. Sie fühlte sich als Außenseiterin, als nicht dazugehörig, und deshalb als geduldet. Der Umstand, es nur per Quote aufs Gymnasium geschafft zu haben, machte ihr ebenso zu schaffen wie der gesellschaftliche Status, der mit ihrer Herkunft zusammenhing. Die Familie kam aus dem besetzten Polen nach Berlin, der Vater war nur ein kleiner Kaufmann, die Mutter sehr der jüdischen Tradition verpflichtet. Polnisch war die Heimatsprache eines Landes, das es aufgrund der russischen Besatzung so nicht mehr gab. Obwohl Rosa Luxemburg ihre Behinderung immer gut zu verdecken wusste, war sie sich ihres hinkenden Beines bewusst. Alles in allem empfand sie ihren Stand in der Schülerschaft als zweitklassig. Auch die Religionszugehörigkeit teilte die Mädchen auf, denn für jede Religion gab es separaten Religionsunterricht. Dass Rosa mit der Behinderung gehandicapt war, unterschied sie deutlich von ihren Schulkameradinnen. Allein der Weg zur Schule war jedes Mal eine Tortur, und auch das Treppensteigen im Schulgebäude war für sie eine Kraftanstrengung. Andere Kinder rannten an ihr nur so vorbei, überholten sie bei jeder Gelegenheit. Zur Ruhe kam sie erst, wenn sie im Klassenzimmer sitzen konnte. Musste sie allerdings an die Tafel, war ihr Humpeln doch nicht zu übersehen. So fürchtete sie sich, an die Tafel gerufen zu werden. Und auch beim Sport, egal ob Gymnastik oder Tanz machte sie so gut es ging mit, konnte aber die Behinderung nicht ganz ungesehen machen. Grazile Bewegungen, wie sie jungen Mädchen eigen sind, waren ihr nicht vergönnt. Rosa Luxemburg aber gab nicht auf, sie versuchte auch die schwierigsten Übungen zu meistern. Das brachte ihr Sympathiepunkte bei den Mitschülerinnen ein. Rundherum wohlgefühlt hatte sie sich in ihrer Schule jedoch nicht. Die Schülerinnen kamen aus Milieus, die ihr fremd waren. So kam ein Teil der Schüler aus gehobenen Beamtenfamilien, andere aus kleinem polnischen Adel und wiederum andere aus der betuchten Oberschicht. Dieser Mix ließ keine größeren Annäherungen unter den Schülerinnen zu, man blieb in seiner Gesellschaftsschicht verortet. Abgesehen von diesen sozialen Gegebenheiten, startete Rosa Luxemburg erfolgreich durch. Ihre Behinderung konnte sie durch herausragende Leistungen kompensieren, und so brillierte die begabte und fleißige Schülerin in fast allen Fächern. Rosa Luxemburg galt als Musterschülerin, die zwar durch ihren Intellekt glänzte und sich Respekt verschaffte, aber keine vornehme Herkunft vorweisen konnte. Allein die Physis ihres Gesichtes, die Art und Weise wie sie kommunizierte, sich bewegte, ließen keine Rückschlüsse auf ein nobles Elternhaus zu. Das sahen Mitschüler und Lehrer, genauso wie Rosa Luxemburg selbst. Und so blieb sie das kluge polnische Mädchen, das man wegen ihrer Intelligenz schätzte, aber nicht zu integrieren beabsichtigte. Stand war eben alles. Außerdem hielten ihre Mitschülerinnen mit ihrem Nationalstolz nicht hinter dem Berg, so blieb sie weitgehend allein und abgeschnitten. Rosa Luxemburg konnte auch in ihrer Freizeit mit den Mitschülerinnen nur wenig anfangen. Sie blieb Einzelgängerin mit starkem Willen und festem, entschlossenen Charakter. Als „stark" bezeichneten sie auch ihre Mitschülerinnen. Schwäche war ihr zumindest nach außen hin nicht anzumerken. Durch das Handicap ihrer Behinderung war sie gezwungen den Eindruck einer vollwertigen, starken Persönlichkeit zu vermitteln. Demütigungen und Verletzungen verbarg sie geschickt unter dem Deckmantel der gefestigten, autarken und willensstarken Persönlichkeit. In den letzten Jahren auf dem Gymnasium gab sie noch einmal alles und lernte ohne Unterlass. Es war ihr wichtig den Intellekt zu schärfen und sich das Rüstzeug für eine weitergehende Ausbildung zu holen. Insofern eiferte sie ihrem Bruder nach, der inzwischen die Universität besuchte und auch sonst ein kluger Kopf war. Gleich nach Beendigung der Schule schloss sie sich einer illegalen sozialistischen Gruppe an. Schon damals vertrat sie eigenwillige Positionen zu Politik und Gesellschaft. Das Ziel war eindeutig: die Gründung einer Arbeiterpartei. Doch noch war ihr Bestreben an die Universität zu kommen und zu studieren, nicht erreicht. Erst mit den beiden Matrikelnummern 8692 und 9599 und zwei Geburtsjahren (1870 und 1871) ist verbürgt, dass sie an der Universität von Zürich ab 1890 Staats- und Wirtschaftswissenschaften studierte. Die Universität Zürich galt bis dahin als Wiege des Frauenstudiums, und so durfte sich Rosa Luxemburg freuen, zu den wenigen privilegierten Frauen zu gehören, denen ein offizielles Studium an der Universität möglich war. An der Universität von Zürich studierten damals sehr viele Russinnen, unter ihnen auch die bekannte Lou-Andreas Salomé. Rosa Luxemburg fand denn auch die Umgebung, die Stadt Zürich und das Studentenleben, durchaus nicht ohne Reiz. Obwohl sie sich in ihre Doktorarbeit regelrecht verbissen hatte, blieb ihr Zeit für Ausflüge nach Genf und Bern. Enthusiastisch äußerte sie sich über ihr schweizerisches Gastland, die Schönheit von Natur und Landschaft, die kleinen Städte und friedliebenden Menschen. Doch mit den Landschaftsbeschreibungen war es bald vorbei, die harte Zeit des Studiums, vor allem ihre Doktorarbeit brachte sie nicht selten bis zur Verzweiflung. *„Ich hasse diese Doktorarbeit jetzt so, weil ich ebenso viel Kraft und Anstrengung hineingelegt habe, dass mich beim Gedanken daran Weinkrämpfe erfassen"* (von Soden 1988, S. 62), schrieb sie völlig erschöpft. Nun, an den Weinkrämpfen ist sie ebenso verzweifelt wie an ihrer Doktorarbeit. Ihr Doktordiplom wurde ihr im Jahr 1898 auf Wunsch in lateinischer Sprache ausgestellt: *doktiorius publici et rerum cameralium.* Die junge Doktorin ging damit nach Berlin, fand aber die Stadt kalt und geschmacklos und einer Kaserne ähnlich. Sie ließ sich aber nicht abschrecken und suchte sofort eine Wohnung. Ganz ihren Schriften und Studien zugewandt, legte sie sich einen festen Tagesablauf zurecht. Dieser bestand aus frühem Aufstehen, der Lektüre von Zeitung und Briefen, einer kalten Abreibung und einem Glas Milch. Dazu aß sie ein Stück Butterbrot. Das Frühstück verrichtete sie auf ihrem Balkon, anschließend ging sie im Tiergarten spazieren (bei jedem Wetter!). Wieder zurück zu Hause, schrieb sie Briefe oder machte Notizen. Dann folgte das Mittagessen und anschließend ein kleiner Schlummer auf dem Sofa. Erst am Abend, wenn die Dämmerung einbrach und frische Luft durch die Balkontür wehte, fing sie an zu arbeiten. So war es fast jeden Tag. Der Alltag einer Berufsrevolutionärin nahm ihren Lauf. Ihr tragisches Ende darf nicht darüber hinwegtäuschen, dass sie sich durch ihre Willenskraft, Wissbegierde und ihren Lerneifer von ihrer Herkunft emanzipierte und ihren eigenen mutigen und couragierten Weg gegangen ist. Ihr Vorwärtsstreben blieb bis zuletzt ungebremst, ebenso ihr kämpferisches Wesen. Trotz Hinkebein und Quotenschülerin gelang ihr, was vielen Frauen zu dieser Zeit noch lange verwehrt bleiben sollte, ein Aufstieg aus ungleichen Verhältnissen.

**Literaturnachweis:**

Soden, Kristine von (Hrsg.), *Rosa Luxemburg,* Elefanten Press Berlin 1988, insb. S. 62.

# Johann Jacobs

1869–1958 dt. Kaffeeröster

## Dorfschüler mit Geschmackssinn

Vielleicht lag es an seiner bäuerlichen Herkunft, dem unverdorbenen Geschmack, dem Feinsinn für das Ursprüngliche und Echte, das Johann Jacobs in die Wiege gelegt wurde. Mag sein, dass auch seine Eltern durch eine einfache, aber ausgewogene Ernährung mit Produkten aus der Landwirtschaft, die Geschmacksnerven des kleinen Johann schulten. Wie auch immer, der Schüler der Borgfelder Dorfschule hatte zwar keine ausgewiesenen intellektuellen Begabungen, dafür aber einen unverfälschten Geschmackssinn und eine kaufmännische Ader. Beides sollte ausreichend sein, um Deutschlands führender Kaffeebaron zu werden. Doch vorher hieß es noch die Schulbank drücken und die grundlegenden Fähigkeiten, die ein Kaufmann brauchte, zu erlernen. Danach verließ der 14-jährige Schüler die Dorfschule und zog nach Bremen, um bei dem Groß- und Kleinhändler, Carl Ferdinand Lahusen, das kaufmännische Handwerk zu erlernen. Lahusen handelte mit Kolonialwaren, dazu gehörten die verschiedensten Kaffeesorten. Die feinsinnige Gourmetzunge des Johann Jacobs kam hier zu ihrem vollen Einsatz. Immer mehr vertraute der Lehrherr auf die Geschmacksnerven und den Aromakenntnissen seines Lehrlings. Die Kaffeeproben und deren Abschmeckungen lagen nun auf seiner Zunge. Lahusen war klar, so etwas kann man auf keiner Schule lernen. Und so wurde Johann Jacobs zu seinem wichtigsten Mitarbeiter. Doch Jacobs wollte mehr. Nach abgeschlossener Lehre fand er eine Anstellung bei der Firma J. Würdemann, wo er mit nur 24 Jahren die Prokura erhielt. Johann Jacobs setzte nun voll auf seine Leistungsfähigkeit und seinen Aufstiegswillen. Obwohl es ihm an einer höheren Schulausbildung mangelte, war er bereit, die Defizite durch Lernerfolge im praktischen Berufsleben auszugleichen. Er war kein Theoretiker, sondern ein bodenständiger und realitätsbewusster Kaufmann, der seine Ziele nicht aus den Augen verlor. So gründete er 1895 seine eigene Kaffee- und Teehandlung in der Altstadt von Bremen. Im Jahre 1907 gliederte er seinem Geschäft eine eigene Kaffeerösterei an und belieferte damit seine Kunden in und um Bremen herum. Der Luxus gerösteten Kaffees war damals nicht selbstverständlich, röstete man doch bis dahin die noch grünen Bohnen auf der eigenen Herdplatte. Doch dann kam der Erste Weltkrieg und Kaffee wurde von den Behörden rationiert. In den folgenden wirtschaftlich schwierigen 1920er-Jahren gelang es dem findigen Unternehmer, sein Geschäft mit Nebenprodukten wie Grieß, Haferflocken und Reis durchzubringen. Zwar machte er Umsatz, aber keinen nennenswerten Gewinn. Trotz Weltwirtschaftskrise erholte sich sein Unternehmen in den späten 1920er-Jahren so weit, dass Jacobs eine expansive Markenpolitik betreiben konnte. Ein eigener Lieferwagen mit der Aufschrift „Jacobs Kaffee" lieferte den Kaffee in Bremen aus, über Anzeigen in allen wichtigen deutschen Tageszeitungen, ein Netz von Vertretern und ein Versandgeschäft weitete er sein Angebot über dessen Grenzen hinaus. Um sich von anderen Anbietern zu unterscheiden, brachte er seinen Kaffee in einer luxuriösen Verpackung auf den Markt und versprach seinen Kunden besonders gute Qualität. Jacobs Neffe, Walther J. Jacobs, steuerte ab 1930 seine in den USA gesammelten Erfahrungen im Marketing bei und bald war Johann Jacobs & Co. einer der größten Kaffeeröster Deutschlands. Der Zweite Weltkrieg machte dem aufstrebenden Unternehmen erneut einen Strich durch die Rechnung. Rohkaffee wurde abermals rationiert und Jacobs versuchte, seine Kunden mit billigem Gerstenkaffee bei Laune zu halten. Bei Kriegsende lag die Rösterei in Schutt und Asche. Jacobs bereits zum zweiten Mal vom Schicksal gebeutelt, wollte nicht aufgeben, kämpfte verbissen um seine Existenz. Walther J. Jacobs baute die Anlage wieder auf und mit der Währungsreform 1948 winkte dann endlich das Glück: Kaffee wurde jetzt wieder auf einem freien Markt gehandelt. Der Verkauf des Röstkaffees an die alliierten Besatzungsmächte brachte die erforderlichen Geldmittel und das Unternehmen gewann wieder an Fahrt. Die Marke „Jacobs Kaffee" setzte sich durch und das Unternehmen des Dorfschülers aus Borsfeld wurde Marktführer in Deutschland.

**Literaturnachweis:**

Leonhardt, Roland, *Wie das Krokodil aufs T-Shirt kam,* Cornelsen Verlag Scriptor GmbH & Co. KG Berlin 2009.

# Else Lasker-Schüler

1869–1945 dt. Dichterin

## „ ... nicht außergewöhnlich dumm.“*

Welch eine Kindheit, welch ein gebildetes Elternhaus! Wer die Biografie der Dichterin zur Hand nimmt oder in ihren Erinnerungen blättert, der wird über die häuslichen Verhältnisse erstaunt sein und Else Lasker-Schüler beneiden. Da ist zum einen das schöne freistehende Haus in der Sadowstraße in Elberfeld, das mit seinen drei Stockwerken turmartig in den Himmel greift, nebenan der Garten mit dem Pavillon, in dem hin und wieder Lesekränzchen der Eltern stattfanden. In den Sommermonaten durchzog nicht nur der Duft von Blumen, frischem Obst und köstlichen Weinen Haus und Garten, es waltete auch ein kultivierter Geist darin. Als Familienpatriarch und Firmeninhaber sorgte der Vater für ein sorgenfreies und komfortables Zuhause seiner Kinder. Bildung hatte schon immer einen hohen Stellenwert bei den Schülers gehabt, und so kam Else frühzeitig mit Kunst, Theater und Literatur in Berührung. Oft waren auch interessante Leute eingeladen, die ebenfalls zum kulturellen Austausch beitrugen. Man saß in angeregter Runde zusammen, lauschte den Versen der Vortragenden, diskutierte über neue Theaterstücke und besprach die Neuerscheinungen von Büchern. Immer dabei Else, sie hörte interessiert und gebannt zu. Manchmal war die Deklamation ihres Vaters derart laut und heftig, dass die Stimme noch auf der Straße zu hören war. Die Kinder hatten ihren Spaß daran. Elses Mutter war musisch veranlagt, der Literatur und den Büchern zugetan. Meist hatte sie, wenn sie im Wohnzimmer saß, ein Buch in der Hand. Auch lagen aufgeschlagene Bücher auf Tisch, Fußboden oder Stühlen. Die Atmosphäre war in jeder Hinsicht kultiviert und feingeistig. Die Schülers traten damit in die Fußstapfen ihrer jüdischen Vorfahren, die ebenfalls ein hohes Maß an Bildung besaßen. In den Augen der anderen galt ihr Vater jedoch als Kapitalist, der vor allem den Wohlstand der Familie mehrte und absicherte. Es war also mehr die Mutter, die sich Else zum Vorbild nahm, die sie bewunderte und der sie nacheiferte. Die majestätisch anmutende Frau war eine große Bewunderin von Napoleon und Goethe. Selbstverständlich sprach ihre Mutter gut Französisch, liebte die französische Lebensart und hatte Paris auch schon besucht. Davon berichtet Else liebevoll in einer Anekdote: *„Meine teure Mama und mein lustiger Papa waren in Paris und meine hochverehrte Mama flog dort mit dem Luftballon bis hoch in die Wolken. Niemand wagte es den Capitain zu begleiten. Ich war sehr stolz darauf."* (Bauschinger 2004, S. 19) An diesem Beispiel zeigt sich, wie sehr Else ihre Mutter für deren Mut und Courage bewunderte. Stand Elses Mutter damit dem Feldherrn Napoleon näher als dem Dichterfürsten Goethe? Fest steht, sie hat sich ein kulturelles Terrain erobert, das ihr niemand so leicht streitig machen konnte. Else glaubte ihrer Mutter folgen zu müssen, sie fing frühzeitig mit dem Lesen an und umgab sich mit den Büchern der Hausbibliothek. Später wird Else ihre dichterische Begabung der Mutter zuschreiben. Jedenfalls nahm die Mutter die Sprachförderung und Lesevermittlung ihrer Kinder ernst. Es konnten aber auch kleinere Spiele sein wie das Einwortsagen, bei dem das Kind zu einem genannten Wort einen Reim finden musste. Was Goethe anbelangt, so hatte die Mutter zahlreiche Gedichte des Meisters kopiert und in ihrem Poesiealbum eingetragen. Für sie war er die herausragendste deutsche Dichtergestalt überhaupt. Sie soll sogar einen Brief Goethes an Friederike Brion in ihrem „Schatzkästlein" aufbewahrt haben. Anders als in der Schule, waren Belehrungen ihrer Mutter immer liebevoll und phantasiereich, dem Respekt des Kindes geschuldet. Else war von ihrer Mutter derart beeindruckt, dass sie sie gerne als „Dichterin" bezeichnete, sich selber nur als „Sagerin" ihrer schwärmerischen Gedanken, *„ich war stolz, vertraute ihrem Urteil und es gelang mir der schwierigste Vers, da ich meine Dichtung in ihrem Schoß aufbaute."* (Abresch 1995, S. 20) Wann Else eingeschult wurde, lässt sich nicht mehr genau ermitteln. Dass ihre Schulzeit nur vier Klassen währte, deutet auf ein „Minimalprogramm" hin. Es entspricht inhaltlich nicht mehr als der Elementarbildung einer Grundschule. Obwohl sie aus wohlbehütetem Hause kam, war sie doch recht nervös, oft auch unkonzentriert und anfällig für Unpässlichkeiten und Krankheiten jeglicher Art. Ebenso neigte sie während des Unterrichts zu Träumereien, was ihre Lehrer mit Ermahnungen quittierten. Selbst für Schulschwänzereien hatte Else Sinn, es machte ihr kein schlechtes Gewissen. Rückblickend bezeichnete sie sich als Schulversagerin und zählte gleich mehrere Gründe dafür auf: Desinteresse am Lernen, Unlust, Aversion gegenüber der Schule wegen des häufigen Nachsitzens, Angst vor Lehrern und Mitschülern. Vor allem, so ist ihren Erinnerungen zu entnehmen, fürchtete sie sich vor dem Nachhauseweg, bei dem sie oft von ihren Mitschülern gehänselt und mit antisemitischen Parolen traktiert wurde. War das wohlbehütete und verzärtelte Kind einfach nur überempfindlich, hielt es sich gar für etwas Besseres? Möglich, dass ihre Sensibilität jedes Wort und jede Geste auf die Goldwaage legte. Wer allerdings so offen über sein Schulversagen sprechen kann – vor allem in den späteren Jahren – der muss sich auf sicherem Boden bewegen und über ein beeindruckendes Setting verfügen. Bei Else Lasker-Schüler, der inzwischen stadtbekannten und erfolgreichen Berliner Lyrikerin, war dies wohl so. Sie war berühmt und konnte großzügig Einblick in ihr Leben gewähren. Doch zurück zur Schulzeit. Else besuchte die Städtische höhere Töchterschule, im Volksmund „Schornsteinschule" genannt. Sie lag direkt an der Wupper und rund 500 m von ihrem Zuhause entfernt. Geleitet wurde sie von dem Schuldirektor Richard Schornstein. Ihm ist es zu verdanken, dass die Frauenbildung deutliche Fortschritte machte. Auf Else wirkte der Pfeife rauchende Mann aber abschreckend. Der Schuldirektor hatte die Angewohnheit manchmal unvermittelt ins Klassenzimmer zu treten, um nach dem Rechten zu sehen. Verschwand dann aber so schnell wie er gekommen war. Der Überraschungscoup erschreckte Schüler und Lehrer jedes Mal aufs Neue. „*In die Schule ging ich sehr ungern*" (Abresch 1995, S. 14), gestand sie einmal, was auch an ihrem träumerischen Wesen gelegen haben mag, das zum nüchternen Schulalltag gar nicht passte. „*[…] wenn ich auch irgendwo anders war in Gedanken, so rettete mich das doch nicht vor den vielen Strafarbeiten und dem Nachsitzen im Schulzimmer*" (Abresch 1995, S. 14), schrieb sie. Der Schulunterricht und die Schornstein-Auftritte im Klassenzimmer verursachten bei ihr Alpträume. Auch mit dem Schreiben von Aufsätzen klappte es nicht so recht, was für eine angehende Dichterin doch etwas befremdlich erscheint. Wenig Unterstützung bekam sie von ihrem Vater, der als erfolgreicher Baulöwe und Selfmade-Man für die theoretischen Abhandlungen seiner Tochter keinen Sinn hatte. So wurde bald der Schuldige ihres Schulversagens ausgemacht: Vater Schüler! Er soll es auch gewesen sein, der sie zum Schulschwänzen angeregt und sie mit Süßigkeiten eingedeckt hatte, sodass sie während des Unterrichts immer wieder mit ihrem Naschwerk zu Gange war. Heute würde die Schulleitung intervenieren und den Vater zu einem ernsten Gespräch vorladen. Möglicherweise würde sich auch das Jugendamt einschalten. Als Baulöwe von Ebersfeld war Schüler jedoch eine stadtbekannte Respektsperson, mit der man sich ungern anlegen wollte. Und als solcher legte er sogar noch nach. *„Noch vor dem Schultor"*, erinnert sich Else in ihren Schulerinnerungen, *„passte er mich und meine Freundinnen ab und verführte uns, die Rechenstunde zu schwänzen!"* Doch es gab auch glücklichere Momente im Schulalltag, so im Fach Geographie: *„Es war uns eigentlich ganz egal, woran die anderen Städte lagen, und nur die afrikanischen Ströme interessierten mich, weil sie sich reimten. Und es ging mir wie Wasser von den Lippen. Senegal und Gambia. Niger oder Dcholiba, Zair und Orangefluss, Nil und Zambesi. Mit diesem Gedicht verdiente ich mir mein erstes und einziges Lob, das ich in der Schule ins Klassenbuch geschrieben und verewigt erhalten habe. Fräulein Kreft war auch die einzige Lehrerin, die an mich glaubte. [...] Sie äußerte zu unserer geliebten Mama: ‚Die Else ist gar nicht außergewöhnlich dumm im Grunde.'"* (Abresch 1995 S. 14) Das Lehrerpersonal gab sich jedenfalls redlich Mühe, es waren allesamt „seminaristisch tüchtig gebildete Lehrerinnen". Doch half es auch bei ihr nichts. Else kränkelte weiterhin, sprach von einer Eselsbank-Karriere und gab sich damit selbst auf. Der Arzt der Familie versuchte, Elses nervöses Leiden mit Beruhigungsmitteln zu kurieren. Er sprach von ihr wie von einem „Springinsfeld" und so blieb sie weiterhin unstet, abgelenkt und unkonzentriert. Ein (fingierter?) Fenstersturz sollte ihre Schulkarriere beenden; es ging aber noch einmal glimpflich aus, und so wurde das Ansinnen abgewimmelt. Dennoch waren die Symptome einer „motorischen Entwicklungsstörung" unverkennbar. So entschied man sich, Else von der Schule zu nehmen. Für den Schuldirektor Schornstein eine erfreuliche Entscheidung, der er mit Kusshand zustimmte. Damit hatte Else Lasker-Schüler nur vier Schuljahre absolviert und ist wahrscheinlich mit elf Jahren von der Schule abgegangen. Dies wäre nach heutigen Maßstäben eine Bildungskatastrophe, denn eine berufliche Ausbildung oder gar ein Studium wären damit hinfällig. Else Schüler entfaltete sich – anders als in der Schule – in ihren Kreisen als außergewöhnliche Lyrikerin. Vollends zur anerkannten Dichterin und Schriftstellerin wurde sie in Berlin, wo sie eine kometenhafte künstlerische Entwicklung vollzog. Ihr Lebensweg war seitdem voller Schaffensdrang. Sie hinterließ ein ansehnliches Werk aus Gedichtsammlungen, Essays, Balladen, Geschichten und Theaterstücken. Ihr Name hatte Eingang gefunden in die deutsche Literaturgeschichte. Das kleine Mädchen aus Elberfeld, das nie große Lust aufs Lernen hatte, dass sich für einen Schulversager hielt und nur vier Schulklassen absolvierte, brachte es weit. Sehr weit sogar. Mehr als ihr zugetraut wurde, schuf sie ein Werk, das im Kanon der deutschen Literatur seinen Platz haben sollte.

**Literaturnachweis:**

Bauschinger, Sigrid, *Else-Lasker-Schüler – Biographie,* Wallstein Verlag Göttingen 2004, insb. S. 19.

Abresch, Johannes, *Schülerin Else* in: *Romerike Berge. Zeitschrift für das Bergische Land.* 45 Heft 1, 1995, insb. S. *14; 14, 20.

# Marie Curie

1867–1934 franz.-poln. Physikerin
und Chemikerin

## *Keine Angst vor Noten und Strahlung*

Wenn schon die Mutter Schulleiterin ist, müsse es ja mit der Bildung der eigenen Kinder klappen, so die gängige Meinung. Doch dass dies nicht immer so ist, zeigt die Geschichte von Marie Curie. Es müssen vor allem die Rahmenbedingungen stimmen, und die waren im russisch besetzten Polen nicht gerade optimal. Da im Hause der Sklodowski Bildung schon immer einen hohen Stellenwert hatte, brachte die Mutter das Kind in einer Privatschule unter. Dies war in Polen des späten 19. Jahrhunderts in privilegierten Kreisen üblich; manchmal kam auch Privatunterricht durch eine Hauslehrerin hinzu. Beides sollte der kleinen Marie ab der dritten Klasse zu Gute kommen, und so besuchte das Mädchen die Privatschule von Madame Jadwiga Sikorska. Nur bei ihr, da war sich Maries Mutter sicher, könne die Grundlage für eine gute Bildung gelegt werden. Den staatlichen Schulen traute sie eine solche Aufgabe nicht zu, denn dort standen die Lehrer unter der Fuchtel russischer Beamter. Oft genug griffen sie in den Schulbetrieb ein. Das Lernen der russischen Sprache war in der Schule das vorrangigste Ziel. Sich dem zu widersetzen oder auf die polnischen Eigenarten zu pochen, brachte Ärger ein, dem man lieber aus dem Wege ging. Besser war es nach Alternativen zu suchen, die ein breites Fächerangebot für die Schüler enthielten. So wurde Marie neben dem regulären Schulbesuch auch an einer Privatschule unterrichtet. Dort wurde Geschichte und Geographie in polnischer Sprache gelehrt. Dieser

Parallelunterricht, der stets vor den russischen Behörden geheim gehalten werden musste, verschaffte den Kindern einen Zugang zur polnischen Sprache und Geschichte. Mit diesem Zusatzunterricht konnte man die Nationalidentität stärken, denn schließlich sollten sich die Kinder einmal zu ihrer Nationalität und Herkunft bekennen. Einige Lehrerinnen erinnerten sich der Geheimhaltungstaktiken, so konnte schon die Belebung der Eingangshalle oder ein Läuten mitten im Unterricht Alarm auslösen. Dann mussten alle Hefte und Bücher von den Schultischen verschwinden und der Gesang von polnischen Liedern abrupt beendet werden. *„Alle Beteiligten mussten zusammenarbeiten – von der Leiterin bis zu den Hausangestellten"* (Quinn 1999, S. 45), so die Lehrerinnen. Die anormalen Schulbedingungen konnten Marie jedoch nicht einschüchtern und vom Lernen abhalten. Da sie die Klügste in der Klasse war und über ausgezeichnete russische Sprachkenntnisse verfügte, konnte sie so manchem Inspekteur die Stirn bieten und sie von der schulischen Qualität des Institutes überzeugen. Dennoch wurde sie jedes Mal auf eine harte Probe gestellt und hätte am liebsten davonlaufen mögen: *„Ich hatte dann immer Lust, davonzulaufen und mich zu verstecken."* (Quinn 1999, S. 46) Einerseits war sie solchen Situationen kaum gewachsen, andererseits war sie schon damals hochbegabt und eine willkommene Helferin leistungsschwacher Mitschüler. Besonders in Mathematik half sie vielen Schülern aus der Klemme. Ihre Schwester Helena beschrieb sie als ungewöhnlich intelligent. Marie habe ein außerordentliches Gedächtnis gehabt und sei besonders im Fach Mathematik eine willkommene Anlaufstelle für schwächere Schüler gewesen. Dagegen fielen Helena die Schularbeiten alles andere als leicht, da wunderte sie sich stets über ihre Schwester Marie, die „immer alles so einfach, so schön, so interessant" fand. Doch auch Helena sollte einmal Karriere machen und Medizin in Paris studieren. Es war vermutlich das bemerkenswerte Gedächtnis von Marie, das sie schulisch so erfolgreich machte. Erstaunt darüber waren auch ihre Eltern. Als es dann aufs Gymnasium ging, empfand Marie den Wechsel als sehr bitter; war doch die Schulatmosphäre eine gänzlich andere. Von der Privatschule zum staatlichen Gymnasium war ein Bruch, den Marie nicht so schnell vollziehen konnte oder wollte. Und auch hier musste sie wieder die Unterdrückung der polnischen Sprache erleben. Selbst Unterhaltungen auf dem Schulhof hatten in russischer Sprache zu erfolgen. Die Schülerinnen und Schüler wurden „verdächtigt und bespitzelt", manche

Zuwiderhandlung bestraft. Ein unvorsichtiges Wort konnte nicht nur ihnen, sondern auch den Eltern schaden. In der ersten Zeit war Marie sehr einsam. Doch schon bald fand sie wieder zu ihrer alten Form zurück. Ihr Gedächtnis ließ sie nicht im Stich, und so erzielte sie auch hier nur gute Noten. Dennoch blieb ein Unbehagen an jene Gymnasialjahre zurück: Die Lehrer waren „*meistens Russen, die den Polen feindlich gesinnt waren und dementsprechend ihre Schüler behandelten […] Der Wert des Unterrichts war unter diesen Umständen zweifelhaft und die Atmosphäre in der Schule direkt unerträglich*"; die Kinder verloren „*ganz die Freude am Leben, und das frühzeitige Gefühl des Misstrauens und der Empörung legte sich wie ein Alpdruck auf ihre Kindheit*" (Quinn 1999, S. 57). Zum Glück hatte sie eine Schulkameradin gefunden, die ihr über so manche depressive Phase half und den Schulbesuch einigermaßen erträglich machte. Allerdings fiel Marie immer wieder durch ihr Unabhängigkeitsstreben auf. Sie stand zu ihren Meinungen und wusste sich zu verteidigen. Für die Lehrer, meist Russen, war dies ungewohnt und so steckten sie sie gleich in die Schublade für Aufmüpfige und Rebellische. Damit stand sie nun unter besonderer Beobachtung: Repressionen nicht ausgeschlossen. Im Jahr 1883 machte sie ihren Abschluss am Gymnasium und erhielt als Anerkennung für ihre herausragenden Leistungen eine Goldmedaille. Immer noch hoffte Marie Sklodowska auf eine akademische Ausbildung, was zur damaligen Zeit nur ein frommer Wunsch sein konnte. Der Besuch der Warschauer Universität war deshalb nur den männlichen Studenten vorbehalten. Marie spielte mit den Gedanken ins Ausland zu gehen, nach St. Petersburg oder Paris. Dort war es möglich als Frau zu studieren. Dann gab es noch die Option an einer Privatschule zu unterrichten, und als Letztes zu heiraten. Alle diese Optionen befriedigten die junge intellektuelle Frau nicht, schon gar nicht eine Heirat. Was tun? Marie war ratlos, sie versprach sich von einer Auszeit auf dem Lande Stärkung und Entschlusskraft. Da kam die Einladung von Onkel Henryk und Onkel Wladislaw gerade recht. In den anmutig gelegenen Landhäusern konnte sie wieder zu sich finden. Die Klarheit der Luft, die weite Ebene der Landschaft, die Birken und Wälder am Horizont, all dies versprach Linderung für ihre geplagte Seele. Hinzu kam, dass beide Onkel sehr gebildet waren und gut mit der Geige umgehen konnten. Es würde ihr also nicht langweilig werden. Die Bibliotheken in den Häusern waren gut bestückt und boten ausreichend Lektüre für genussvolle Lesestunden. Daneben sorgte das gesellige Leben der Onkel, bei denen immer neue und interessante Gäste auftauchten, für Kurzweil und Ablenkung. Marie blühte auf und nahm das bisher Erlernte nicht mehr so wichtig. Plötzlich hatte sie Zweifel an der Existenz von Geometrie und Algebra, fühlte sich trotz Diplom und Besuch der höheren Schule unglaublich dumm. Sie fing an zu Stricken und legte erst einmal alle ernsthaften Bücher zur Seite. Ferienstimmung pur! Den Müßiggang gönnte sie sich ohne Reue. Doch es gab auch noch andere Dinge, die das Landleben genussvoll machten: Kartenspiele auf der Terrasse, Federball im Garten, das Fangen von Krebsen in den Flüssen. Maries Gemütszustand begann sich zu erhellen, sie empfand wieder Freude am Leben. Auch Tanzabende waren darunter, da zog sie immer ihre besten Kleider an. Mit einem Mal vergaß sie ihre Sorgen und Nöte, versuchte den Augenblick zu genießen, der vielleicht so schnell nicht mehr wiederkehren würde. Rückblickend meinte sie, dass jener Landaufenthalt zu den schönsten Erlebnissen ihres Lebens zählte. Wie alle schönen Erlebnisse, ging auch dieser Sommer vorüber und sie kehrte in die Stadt zurück. Bald tauchten die alten Fragen wieder auf. Studieren oder Unterrichten? Ins Ausland oder an eine Privatschule gehen? Sie tat sich schwer mit einer Entscheidung. Ungern wollte sie von der Vorstellung abrücken, doch noch irgendwo zu studieren. Wie ihr ging es vielen anderen jungen Frauen, sie wollten mehr als nur Lehrerinnen und Ehefrauen sein. Die positivistisch denkenden Frauen machten immer mehr Druck auf die Gesellschaft, wollten sich mit ihrem Los nicht zufrieden geben. Das Recht auf Wissen und Bildung schrieben sie nun auf ihre Fahnen. Doch es sollte sich vorerst nichts ändern. Da war guter Rat teuer. Bekanntlich macht Not erfinderisch, und so gründeten die Frauen eine „Fliegende Universität" mit wechselnden Hörsälen und privat engagierten Hochschullehrern. Diese Mini-Hörsäle fanden zuerst in Privatwohnungen statt, später in Institutionen oder in anderen neutralen Gebäuden. Hier konnten sich die lernbegierigen jungen Frauen akademisch weiterbilden und damit ihren Status verbessern. Auch für Marie, die voller Eifer daran teilnahm, ein erster Lichtblick. Ihre Hoffnung, doch noch an eine Universität zu gelangen, hatte wieder Auftrieb erfahren. Als ihre Schwester Bronia nach Paris ging, dort studierte und einen Beruf ergriff, wollte sie es ihr gleichtun und am besten gleich nachreisen. Die Schwester bat sie, alles gut zu durchdenken und den geeigneten Zeitpunkt abzuwarten. Das tat Marie und versuchte ihren Wissensdurst auf die Naturwissenschaften zu zügeln. Es gelang ihr nur schwer. Daneben gab es aber auch Erfolgserlebnisse in den Laboratorien der „Fliegenden Universität." Die Laboratorien befanden sich im Museum für Industrie und Landwirtschaft, dort konnten die studierenden Frauen unbehelligt arbeiten. Fast fühlte sie sich am Ziel. Inzwischen bekam sie Besuch von ihrer Schwester Bronia, die voller Begeisterung von ihrem Aufenthalt in Paris sprach und ihre Schwester überredete mitzukommen. Jetzt war Marie zu allem entschlossen. Weder Strafe noch Strahlung konnten sie jetzt von ihrem Weg abhalten, und so ging sie nach Paris. Dort begann ihre steile Wissenschaftskarriere, die am Ende mit dem höchsten aller Preise bedacht wurde: dem Nobelpreis.

**Literaturnachweis:**

Quinn, Susan, *Marie Curie,* Insel Verlag Frankfurt/M 1999, insb. S. 45 f., 57.

# Hermann Löns

1866–1914 dt. Journalist u. Schriftsteller

## Doktorarbeit am Bahnhof verloren

Im Grunde war die Lüneburger Heide nicht sein bevorzugtes Revier, Hermann Löns war Stadtmensch. Er hielt sich zeitlebens – wenn nicht in Kleinstädten – vorzugsweise in größeren Städten auf. Das kam seinem Lebenswandel näher, denn er brauchte das städtische Getriebe, die zahllosen Kneipen, die Bekanntschaften, das kulturelle Angebot. Obwohl er die Natur in seinen Gedichten immer wieder verherrlichte und sein Studieninteresse den Naturwissenschaften galt, war sein Verhältnis zum Landleben ein idyllisches, ein romantisches. Und das ließ sich auch vom Schreibtisch aufrechterhalten. Geboren wurde der Heidedichter in Westpreußen. Er war das erste Kind des Gymnasiallehrers Friedrich Löns. Zur Schule ging er in Deutsch-Krone. Beliebt war der Eigenbrötler und Einzelgänger bei seinen Schulkameraden nicht. Als er einmal den Indianerhäuptling spielte und von seinen Mitschülern *„überfallen, niedergedrückt und an einem Baum gefesselt wurde"* (Dupke 1994, S. 19), verstand er keinen Spaß mehr. Otto Rautenberg, ein Mitschüler von Löns, schildert den Jungen nicht eben ehrenvoll: *„Hermann Löns war ein magerer, großer Junge mit etwas tiefliegenden Augen, die stets einen scheuen Ausdruck hatten und mit denen er nur ungern einem gerade ins Gesicht sah. Er war kein sehr beliebter Schulkamerad und besaß auch keinen richtigen Freund. Seine Charakteranlagen waren schuld daran. Er war hämisch und spöttisch, so dass man ihn eher mied als einen Umgang* *suchte."* (Dupke 1994, S. 19) Hermann Löns war anspruchsvoll, was seine Freunde betraf. Er suchte Helden, die ihm ebenbürtig zur Seite standen und die er in sein Vertrauen ziehen konnte. So gab es zwar immer mal wieder Spielkameraden, doch an echten Freunden mangelte es. Wer nicht zu ihm passte, der bekam dies durch Missachtung und Herablassung zu spüren. Im Grunde suchte er nach einer Führergestalt, die ihm den Weg wies. Sein Vater – preußisch streng in der Erziehung – war ihm kein Vorbild. Schon früh träumte der kränkelnde Junge von Heldentaten, von Kraft und Stärke, von Überlegenheit und Führerschaft. Möglich, dass diese Träume ihren Ursprung in seinem eher zarten und verweichlichten Habitus hatten. Einzig in seiner Körpergröße schien er viele zu überragen. Ihn zog es schon immer in die freie Natur, wo er sich unbeachtet und ungestört seinen Träumereien hingeben konnte. Dort war er Herr über Käfer, Vögel und Pflanzen. Als Herrscher über Heide, Tümpel und Getier fand er zu sich selbst. Sein Interesse an der Natur war echt und tief. Stundenlang konnte er Tiere beobachten, durch die Gegend umherziehen, Blumen und Gräser mit Namen bestimmen, seinen Jagdinstinkt ausleben. Draußen konnte er den bürgerlichen Normen entfliehen, Kraft tanken und die Kränkungen seiner Schulkameraden abschütteln. Seine biologischen Kenntnisse wuchsen von Tag zu Tag, und auch seine Tier- und Pflanzensammlungen nahmen beachtliche Ausmaße an. Allerdings war sein Verhältnis zur Literatur nicht allein durch friedfertigen Forschergeist bestimmt, es brachen auch seine Jagdinstinkte aus: *„Mit zwölf Jahren bekam ich den Vorderlader in die Hand, eine einläufige, engschießende Vogelflinte, und nun pirschte ich mich an Kirschfinken, Häher, Krähen und Eichkatzen heran, beschlich die Ratten hinter dem Schweinestalle und bei der Abdeckerei und nützte so der Menschheit und mir ungemein."* (Dupke 1994, S. 21) Für Löns war die Jagd etwas Natürliches und Notwendiges, dem zu stellen er sich mannhaft genug fühlte. Seine Schulkameraden fanden das Verhalten Hermann Löns befremdlich. Einerseits liebte und verehrte er die Natur, ihre Lebendigkeit, Kraft und Schönheit, andererseits tötete er wahllos Vögel und anderes Getier, um es nachher auszustopfen und auszustellen. Für Löns scheinbar kein Widerspruch. *„Er habe die Tiere so lieb, dass er sie immer bei sich haben müsse"* (Dupke 1994, S. 22), war seine Antwort. Waren vielleicht Machtphantasien im Spiel, konnte er damit vielleicht seine Niederlagen kaschieren, seine schulischen Ängste und Verpflichtungen, sein soziales Außenseitertum? Möglich wäre dies. Als die Familie 1884 von Westpreußen nach Münster in Westfalen umsiedelte, brach auch für Hermann Löns eine neue Zeitrechnung an. Vom ländlichen Umfeld nun der Wechsel in eine Stadt, für Sohn Hermann Löns eine Umstellung. Die Ausgangslage für einen Neustart am hiesigen Gymnasium war nicht gerade optimal, denn schon in Deutsch-Krone wurde ihm eine Versetzung in die Oberprima verweigert. Nun war aber Hermann Löns Vater neuer Gymnasiallehrer am *Gymnasium Paulinum* geworden, wo auch sein Sohn hingehen sollte. Es musste also eine einverträgliche Lösung gefunden werden. Durch einen Konferenzbeschluss in Deutsch-Krone wurde doch noch der Versetzung Hermanns zugestimmt. Damit wollte man seinem Vater einen Gefallen tun, denn als neuer Lehrer am renommierten *Gymnasium Paulinum* wäre eine Zurückversetzung seines Sohnes kein gutes Aushängeschild für ihn gewesen. Nun ist die Gefahr gebannt und Hermann kann trotz mangelhafter Leistungen die Oberprima besuchen. Doch auch hier nehmen die Schwierigkeiten zu. Wieder fiel Löns als Einzelgänger auf, der es schwer hatte, sich in den Unterricht einzufinden. Weiterhin tat er sich in den Fächern Mathematik und Griechisch schwer. Freilich stellt er dies in seinen Erinnerungen anders dar. Da ist von „*Heißhunger nach tiefer Bildung*" und Selbstlob die Rede: „*Zum ersten Male in meinem Leben arbeitete ich zäh und zielbewusst für die Schule, und sogar Mathematik, die ich bisher gehasst habe, lernte ich beinahe gern haben. Heute ist es mir unfassbar, wie ich neben den Vorbereitungen zur Abgangsprüfung eine solche Unmenge westfälischer Geschichte, neuer Literatur und Zoologie habe bewältigen können.*" (Dupke 1994, S. 25) Tatsache ist jedoch, dass er das Abitur erst beim zweiten Anlauf bestanden hatte. Das Abiturzeugnis wies bei vielen Fächern ein „genügend" aus, und nur im Fach Deutsch erhielt er ein „gut." Betragen und Fleiß wurden mit „sehr gut" bis „gut" benotet. Seine Sammelleidenschaft (nun kamen auch noch Muscheln und Schnecken hinzu) setzte er auch in Münster unverdrossen fort. Dem Spitznamen „Käfer", den ihm die Mitschüler verpassten, machte er alle Ehre, denn auch die befanden sich zuhauf in seiner Sammlung. Nach dem Abitur stellte sich die Frage nach dem Studiengang und der Berufsausrichtung. Hermann Löns glaubte mit einem Medizinstudium gute Perspektiven für die Zukunft zu haben, zumal er dabei seine zoologischen Studien fortsetzen und sich nebenbei der Schriftstellerei widmen könne. Das Studium begann er im Wintersemester 1886/87 und setzte es ab 1887 in Greifswald fort. Endlich war er weit weg vom Elternhaus und konnte sich ganz dem Studentenleben hingeben. Dabei ging es hoch her. Fröhliche Zechgelage wechselten sich mit Wirtshausbesuchen, Frauengesellschaften und anderen Vergnügungen ab, sodass der Hörsaal oft Nebensache war. Das lockere Studentenleben genoss Löns in vollen Zügen, und natürlich trat er auch den Studentenverbindungen bei, zu dessen Ritualen Mensur und Fechtduelle zählten. Hier konnte er sich als Mann bewähren und den Kampf, den er in der Natur beobachtete, selbst erproben. So floss also nicht nur der Alkohol reichlich, sondern auch die Kampfeslust. Der Rausch beflügelte zuweilen seine Schaffenskraft. So heißt es in einem Gedicht: *„Sie betäuben die Gedanken/Ihr Bewusstsein wird ertränkt,/Bis die schwere Abschiedsstunde/Sie zum Zechertische drängt//Sie Kredenzt den letzten Becher/Und bringt aus den letzten Toast/ Frohen Rausch und kein Erwachen,/Ewige Narkose, Prost!"* (Dupke 1994, S. 31) Doch die Narkose hielt nicht ewig, und so kam die Ernüchterung schneller als gedacht. Statt des Alkohols verfiel er nunmehr in den Rausch des Schreibens. Er begann Romane und Naturgedichte zu schreiben. Angesichts des ausschweifenden Studentenlebens ihres Sohnes machten sich die Eltern Sorgen. Richtig brenzlig wurde es für Löns, als er sich von einem Studenten 25 Mark auslieh und diese nicht mehr zurückzahlen konnte. Löns Vater, der mit dem Lebensstil seines Sohnes und der Mitgliedschaft in einer schlagenden Verbindung gar nicht einverstanden war, verweigerte die Zahlung. Es kam sogar soweit, dass ihm der Vater *„rasend vor Wut über die Schmisse, Schulden und so weiter"* (Dupke 1994, S. 38 f.), den Rücken zudrehte. Löns versuchte nun das Geld anderweitig zu beschaffen und bat seinen Schuldner um Nachsicht: *„Sie haben ja das Geld erhalten und werden mir jetzt nicht durch eine Anzeige mein ganzes Leben vernichten. Was nützt Ihnen das? Glauben Sie mir, mir hat der Vorfall genützt, ich habe ein gutes Teil Leichtsinn und Apathie dadurch eingebüßt. Wenn Sie aber auf mich keine Rücksicht nehmen wollen oder zu können glauben, dann bedenken Sie, dass ich eine Mutter habe. Wenn mein Ruf vernichtet ist, bleibt mir doch nur eines übrig [...] Denn diesen Makel werde ich nicht auf mir sitzen lassen."* Inzwischen ist auch dem Vater die Notlage seines Sohnes bewusst geworden und so hat er den Betrag überwiesen. Die Sache sollte noch einmal gut ausgehen. Allerdings ist der Vorfall einigen Mitgliedern der *Cimbria* zu Ohren gekommen, die Löns eine Verletzung ihres Ehrenkodexes vorwarfen. Er wurde

„unehrenhaft" aus der Gemeinschaft entlassen. Für ihn eine Katastrophe. Nun hatte er auch noch die heimatliche Gemeinschaft verloren und war gesellschaftlich diskreditiert. Gravierender konnten die Folgen seines Leichtsinns nicht sein. Alles geriet nun ins Wanken: Studium, berufliche Karriere, Freundschaften, sozialer Status. Aus dieser fast aussichtslosen Lage versuchte er sich mit einem Schnitt zu befreien. Löns zog nach Göttingen um, wo er am Physikum eine Arbeit aufnahm. Doch ganz konnte er auch hier nicht von seinem alten Leben lassen, und so begann sich wieder das Karussell von Zechrunden, Wirtshausbesuchen und Frauengeschichten zu drehen. War ihm überhaupt noch zu helfen, fragten sich seine Eltern besorgt. An seinen alten Göttinger Jugendfreund schrieb der geplagte Vater: *„Der Junge zeigt in allem ein rastloses und gewissenloses Verhalten, dass wir oft daran verzweifeln müssen, ob er noch seinen Verstand habe, was denken Sie darüber? Kommt er Ihnen nicht auch zuweilen geistesverwirrt vor? Glauben Sie, dass er seine Verstandeskräfte noch beisammen hat?"* Inzwischen kehrte Hermann Löns nach Münster zurück, wo er sich endlich den Naturwissenschaften und der Medizin zuwenden wollte. Er begann nun ernsthaft seine Studien aufzunehmen, forschte und verfasste Fachaufsätze. Nichts als Schnecken habe er im Kopfe, klagte er über seine vielfältigen Studien. Doch hier wie dort verfiel er wieder dem alten Muster, begann zu Trinken und zu Randalieren. Als er stark alkoholisiert eine Gaslaterne ausdrehte, wurde er festgenommen und mit einer Geldbuße von 45 Mark belangt. Es ging aber auch im Studium nicht mehr voran. Schließlich warf Löns das Handtuch und machte Schluss mit dem Studium. Danach behauptete er immer wieder, er habe eine Doktorarbeit verfasst und sie im Bahnhof liegengelassen, wo sie für immer verschwunden sei. Ob man ihm dies abnahm, darf dahingestellt sein. Was bleibt von Löns? Zumindest als Naturpoet der Lüneburger Heide ist sein Name geblieben.

**Literaturnachweis:**

Dupke, Thomas, *Hermann Löns – Mythos und Wirklichkeit,* 2. Auflage, Claasen Verlag GmbH Hildesheim 1994, insb. S. 19, 21 f., 31, 38 f.

# Henry Ford

1863–1947 amerik. Autobauer

## *Ideen wie am Fließband*

Kann einer, der die Schule mit 16 Jahren verlässt, nur weil er geschickt im Umgang mit Mechanik und Technik ist, sich Ingenieur nennen? Ford war selbstbewusst genug, um dies zu tun. Er hatte auch allen Grund dazu: *„Selbst als ich noch klein war, vermutete ich, dass viele Dinge besser gemacht werden könnten. Diese Einsicht führte mich zur Technik. "* (Handelsblatt 2005, S. 151) Es war also nicht die Schule, die ihn den richtigen Beruf ergreifen ließ, sondern die Beschäftigung mit technischen Problemlösungen. Dabei war das Umfeld nicht gerade geeignet für solcherlei Beschäftigungen, denn Henry Ford wuchs auf dem Lande auf, nicht weit von Detroit entfernt. Da waren die Möglichkeiten sich mit Technik zu befassen begrenzt. Doch es gab auch hier in Hof und Schuppen technische Geräte und reparaturanfällige Maschinen, an denen er sein Geschick ausprobieren konnte. Als Jugendlicher, der immer Spaß an technischen Problemlösungen hatte, hielt es ihn nicht länger in der Schule. Er fühlte sich reif genug sein Ingenieurstalent an den Mann zu bringen und bewarb sich bei der Firma James Flower & Co. in Detroit. Die Arbeit war kein Pappenstiel und der Verdienst mit zweieinhalb Dollar in der Woche auch nicht gerade üppig. Das bewog ihn, nach wenigen Monaten die Stelle zu wechseln und als Chefingenieur in der Fabrik von Edison anzufangen. Henry Ford hatte nach wie vor große Freude an der Arbeit, machte Verbesserungsvorschläge und dachte darüber nach Arbeitsprozesse zu optimieren. Leider wurde der feurige Kopf ausgebremst und nicht ernst genommen. Scheinbar war er auch hier wieder am falschen Ort. Zum Ausgleich zu seiner nicht gerade befriedigenden Arbeit in der Fabrik bastelte er zuhause in seinem Gartenschuppen weiter. Dort gelang es ihm nach unzähligen Arbeitsstunden den Prototyp eines Automobils mit Vierzylindermotor herzustellen. Doch Ford musste feststellen, dass der Motor zwar lief und seine Leistung erbrachte, das Vehikel jedoch kaum aus der Garage zu bringen war. Die Ausmaße des Fahrzeugs überstiegen die Größe des Schuppens bei weitem und so ging Ford daran einen Teil des Schuppens abzureißen. Das Fahrzeug brachte er zwar aus dem Gartenschuppen heraus, musste aber zu seinem Erstaunen noch weitere Mängel daran feststellen. Es vergingen weitere acht Jahre bis Ford endlich ein einsatzfähiges und zur Serienherstellung reifes Gefährt entwickelte. Für ihn war es keine verlorene Zeit, auch wenn sein Tag manchmal zwölf Stunden hatte und vieles geändert oder umgebaut werden musste. Am Ende hatte er ein Fahrzeug entwickelt, das zur Massenproduktion taugte. Ein Erfolg. Leider sahen das nicht alle so, und so fand sich vorerst kein Investor für die Serienproduktion. Ford musste sich einstweilen mit Autorennen begnügen, wobei er von einem Sieg zum nächsten raste. Einige finanzstarke Leute, die dies mitbekamen, wurden auf ihn aufmerksam und sagten ihm finanzielle Unterstützung zu. So kam es zur Gründung der Ford Company und damit zur Serienherstellung des Fahrzeugmodels T. Die schwarze Karosse war bald auf allen amerikanischen Straßen zu sehen, denn es war ein Automobil für den Normalverbraucher. Jeder sollte sich ein solches Gefährt leisten können, das war der Anspruch von Henry Ford. Um dies zu erreichen, revolutionierte er den Herstellungsprozess in Form eines Fließbandsystems. Damit wurde der Grundstein zu seinem Erfolg gelegt. *„Alles, was auf der Idee basiert, das Beste für eine große Zahl von Menschen zu machen, wird sich letzten Endes durchsetzen"* (Handelsblatt 2005, S. 152), war seine Devise. Er hatte Recht. Rund 10 Millionen Fahrzeuge dieses Typs liefen vom Band. Damit läutete Ford nicht nur eine revolutionäre neue Arbeitstechnik ein (die Fließbandproduktion), sondern das mobile Zeitalter schlechthin. Henry Ford war sich seines starken Talentes bewusst, eine lange Schul- und Studienausbildung hätte ihn an der Umsetzung seiner Pläne nur gehindert. Und so trifft wohl die Aussage „Ich mache nur das, was mir Spaß macht" auf ihn völlig zu. Er selbst war ein unkonventioneller und pragmatischer Mensch. Eine steile Hochschulausbildung und ein glänzender Universitätsabschluss machten auf ihn keinen Eindruck. Die Leute, mit denen er zusammenarbeiten wollte, mussten zu ihm passen. Und so traf der Autokönig bei der Einstellung neuer Mitarbeiter seine Entscheidungen meist aus dem Bauch heraus: *„Es ist mir gleichgültig, ob einer aus Sing-Sing kommt oder von Harvard. Ich suche Mitarbeiter, nicht Biographien."* (Handelsblatt 2005, S. 152)

**Literaturnachweis:**

Leonhardt, Roland, *Da stecken die Nullen drin! Anekdoten aus dem Wirtschaftsleben,* Reclam Verlag Stuttgart 2012.

Handelsblatt Management Bibliothek, *Die erfolgreichsten Unternehmer A – K (Band 04),* Campus Verlag Frankfurt/M 2005, insb. S. 151 ff.

# Gerhart Hauptmann

1862–1946 dt. Dramatiker und Schriftsteller

## Schwacher Sextaner

Die Aufnahmeprüfung an der Realschule 1. Ordnung am Zwinger in Breslau schaffte er nur mit größter Anstrengung. Der Stoff schien ihn förmlich zu erdrücken, und so stimmte wohl die Einschätzung des Direktors Klettke voll und ganz: *„Du bist noch ein sehr, sehr schwacher Sextaner."* (Leppmann 1986, S. 29) Lernen war offensichtlich nicht seine Lieblingsbeschäftigung. Mehr Freude machte ihm die Beobachtung des häuslichen und weltlichen Geschehens, dass er mit seiner Phantasie auszuschmücken und auszuweiten versuchte. Statt Bücher lagen Schaukelpferd, Spielzeug und Puppen in seiner Nähe, sie regten seine Phantasie an. Aber auch für die Märchenerzählungen seiner Mutter war er empfänglich. Er schmückte die Märchen mit seiner Phantasie kräftig aus und erzählte sie den Kindern des Fuhrmanns weiter. Das verträumte Kind musste immer wieder von den Eltern ermahnt werden. Rufe wie *„Träume nicht, Gerhart, träume nicht!"* (Leppmann 1986, S. 30), schallten oft durch Haus und Flur. Die Lektüre von *Robinson Crusoe* und Coopers *Lederstrumpf* brachten seine Phantasie erst recht zum Vibrieren, und so wurde er bald zum Indianerhäuptling der Familie ernannt. Doch bei all diesen willkommenen Ablenkungen wurden die Leistungen in der Schule nicht besser. Auch nicht als ihm der Vater während der Pockenepidemie das Geschichtsbuch in die Hand drückte und ihn daraus seitenweise abschreiben ließ. Glaubte der Vater denn wirklich, er könne dem Jungen damit Geschichte näherbringen? Jedenfalls war dies eine Fehleinschätzung und pädagogisch zweifelhaft. Gerharts Leseverhalten ließ überhaupt zu wünschen übrig. *Meyers Universum* blätterte er einfach nur durch, machte sich weder Notizen noch Anmerkungen dazu. Die *Ilias* von Homer nahm er zum Anlass, um sich selbst mit Versepen zu erproben. Scheinbar kam in ihm der Wunsch auf, es Homer gleichzutun und mit seiner Dichtung ebenfalls den Olymp zu erklimmen. Auch in dieser Hinsicht nahm seine Phantasie einen breiten Raum ein. Nun wollten aber die Eltern das Beste für ihren Knaben und beauftragten zwei Lehrer in Bad Salzbrunn damit, ihm wenigstens die Grundkenntnisse in Latein beizubringen. Daneben sollte er von ihnen auch das Geigenspiel erlernen, als Ausgleich zum harten Lernalltag. Beides schlug fehl. Einerseits weil der Junge musikalisch nicht besonders begabt, andererseits weil der Lateinlehrer ein missmutiger Kauz war. Ansonsten stand Gerhart häufig vor dem Bücherschrank seines Vaters, zog da und dort einen Kunstband heraus und berauschte sich an den Werken der Malerei und Bildhauerei. Von seinem Bruder, der inzwischen mit einem bestandenen Abitur nachhause gekommen ist, erhielt er Tipps und Anregungen für die Schule. Der Schüler Gerhart Hauptmann tat sich mit dem Lernen schwer. Denn was er aufnahm und reflektierte, ging nicht auf Lektüreerfahrungen zurück, sondern auf die Beobachtungen und Erfahrungen in seiner Umwelt. Vielleicht täte der Wechsel in eine andere Stadt, auf eine andere Schule dem Jungen gut. Die Eltern erkannten darin für ihn eine Chance, die es nicht zu verspielen galt. Und so schickte man die beiden Söhne Carl und Gerhart in die Großstadt nach Breslau. Dort wohnten sie zunächst in einem heruntergekommenen Mietshaus, wo es vor Läusen und Wanzen nur so wimmelte. Allerdings verfügten sie über ein geräumiges Zimmer, das von zwei Personen gut bewohnt werden konnte. Zwischen den beiden Brüdern lief nicht immer alles glatt, was zum Teil auch am Altersunterschied lag. Carl, der Tertianer, war in den Augen Gerharts fast schon ein Erwachsener. Nur missmutig half er Gerhart bei den Hausaufgaben, denn er hatte selbst viel zu tun. Doch Gerhart war auf die Hilfe seines Bruders angewiesen. Es kam zu Auseinandersetzungen und nicht selten zu Rangeleien, die in Ringkämpfe ausarteten. Carl war es bald Leid den schlechten Schüler weiter zu unterstützen. Doch auch in seiner Klasse fand Gerhart Hauptmann keinen Freund, dem er sich anvertrauen konnte. Die Atmosphäre in der Schule ließ keine Annäherungen unter den Schülern zu. Man wusste ja nie, ob der Andere einen nicht verpetzen würde.

Der Drill von Befehlen und Gehorchen zeigte Früchte, so blieb man lieber allein oder unter sich. Eines der immer wiederkehrenden Worte hieß „setzen!" Keiner konnte sich dem entziehen, und so unterwarfen sich die Schüler dem Kommando ihres Lehrers auf Gedeih und Verderb. Wohin diese Kommandokultur führte, kann man heute in den Geschichtsbüchern nachlesen. So wurden im Ersten Weltkrieg von verantwortungslosen Pädagogen ganze Schulklassen in den Tod geschickt. Wer nicht mitmachte wurde denunziert und befand sich schnell in der Isolation. Besonders auffällig benahm sich der Religionslehrer Jurisch. Wehe, ein Schüler hatte die Hausaufgaben nicht gemacht! Dann zog er dem Unwilligen am Ohrläppchen und brachte ihn wieder in die Sitzposition zurück. Ein abschreckendes Verfahren, das bei dem Betreffenden immense Schmerzen verursachte. Beim Schüler Gerhart Hauptmann hinterließen diese Erziehungsmethoden gravierende Spuren. So betrat er nur mit Widerwillen das Klassenzimmer, ging den Lehrern aus dem Weg und tat nur das Notwendigste. Freilich saß der schlechte Schüler in der hintersten Bank, es entsprach dem Rang seiner Leistungen. Nun wusste jeder wie es um ihn stand. Oft war nur der Besuch des Vaters, der in Breslau geschäftlich zu tun hatte, eine Abwechslung vom tristen Schulalltag. Noch wusste der Vater nichts von den schulischen Schwierigkeiten seines Sohnes. Doch dann war es amtlich: zu Ostern 1875 blieb Gerhart Hauptmann sitzen. Obwohl sich Gerhart Hauptmann neben der Schule immer wieder mit Bildungsthemen beschäftigte (Theater, Literatur), fand dies in seinen schulischen Leistungen keinen Niederschlag. Die Schule schien sein Hauptgegner zu sein, den zu bezwingen er sich anschickte. Daneben erschütterten ihn die Todesfälle einiger hochbegabter Schüler, sie stimmten ihn nachdenklich und entfremdeten ihn weiter von der Schule. Die Konfirmation rückte näher und damit die Weichenstellung für sein weiteres Leben. Die Eltern – ernüchtert vom schulischen Versagen ihres Sohnes, stellten ihm frei darüber zu entscheiden, ob er weiterhin die Schule besuchen oder einen anderen Weg gehen wolle. Alternativ böte sich ein landwirtschaftliches Volontariat auf Gut Lohnig an, redeten sie ihm ein. Hauptmann brauchte nicht lange zu überlegen und sprach sich für das Volontariat aus. Er hatte mit Not und Mühe die Oberquarta erreicht und ein weiteres Scheitern war nicht auszuschließen, so lag es nahe diese Chance zu ergreifen. Vielleicht lag seine feindliche Einstellung zur Schule auch darin begründet, dass er immer wieder eine Ungleichbehandlung der Schüler und eine Fortsetzung des Standesdünkels im Klassenzimmer erlebte. Beides stieß ihn ab. Oft musste er erleben, dass die Leistungen von Schülern adeliger Herkunft anders bewertet wurden als die von Arbeiterkindern (so in der Klasse vorhanden). Aber auch der barsche und kasernenhafte Ton der Lehrer, die geistlose und nervtötende Wissensvermittlung verleideten ihm und seinen Mitschülern so manche Unterrichtsstunde. Schließlich und endlich erhielt Hauptmann ein Abschlusszeugnis, in dem ihm zwar gutes „Betragen" und „befriedigender Fleiß" attestiert wurden, aber alles mit dem Stempel eines mittelmäßigen Schülers. Für Gerhart Hauptmann war damit eine aufregende und quälende Phase seines Lebens beendet. Hätte er die Schule mit all seinen Nöten und Sorgen nicht am eigenen Leib erfahren, die Erniedrigungen und Demütigungen nicht selber erdulden, den Drill und Standesdünkel nicht selber aushalten müssen, so wäre aus ihm nicht der sozialkritische Schriftsteller geworden, dessen Lebenswerk am Ende mit dem Nobelpreis gewürdigt wurde. Ehre wem Ehre gebührt!

**Literaturnachweis:**

Leppmann, Wolfgang, *Gerhart Hauptmann – Leben, Werk und Zeit,* Scherz Verlag Bern 1986, insb. S. 29 f.

# Robert Bosch

1861–1942 dt. Industrieller

## *Kein Sitzfleisch*

Die Zeiten ändern sich oft schneller als man denkt, so auch im 19. Jahrhundert als der Fortschritt Fahrt aufnahm und das Leben vieler Menschen veränderte. In dieser Zeit wurden neue Eisenbahnstrecken und ein staatliches Straßennetz errichtet. Herkömmliche Fuhrbetriebe, von denen die Familie Bosch als Gast- und Raststätte profitierte, hatten bald ausgedient. Jeder Winkel des Reiches war gut zu erreichen – und dies mit immer besseren und schnelleren Verkehrsmitteln als bisher. Für Seratius Bosch, den Vater von Robert Bosch, war diese Entwicklung kein Unglück. Er verkaufte kurzerhand das Anwesen und zog sich als wohlhabender Rentner nach Ulm zurück. Für ihn die richtige Entscheidung zum richtigen Zeitpunkt. Sein Sohn Robert sah dies anders, er strebte ein Leben als erfolgreicher und innovativer Unternehmer an und konnte die Entscheidung seines Vaters weder verstehen noch respektieren. Als „Knackwurstprivatier" wie sein Vater, wolle er nicht enden. Der Umzug nach Ulm brachte auch eine Veränderung für Robert mit sich, denn er besuchte von nun an die hier ansässige Realschule. Für die eher kaufmännisch und unternehmerisch ausgerichtete Familie war dies allemal besser als ihren Sohn auf ein altsprachliches Gymnasium zu schicken. Denn schon früh erkannte die Familie ihr Potential im technischen-kaufmännischen Bereich. So besuchte sein Bruder Alfred ebenfalls die Realschule. Er wurde Architekt und war am Bau des Ulmer Münsters beteiligt. Zudem galt die Realschule als Türöffner zur Polytechnischen Schule in Stuttgart. Vor dem Besuch der Realschule musste Robert eine Aufnahmeprüfung ablegen. Er bestand die Prüfung, wie es hieß „*nicht mit Glanz.*" (Theiner 2017, S. 22) Robert hatte keinen schulischen Ehrgeiz, war eher unruhig und quirlig, weshalb ihm zum Lernen das nötige Sitzfleisch fehlte. Wenn es allerdings um experimentelle Dinge ging, wie sie vom alten Rektor Nagel durchgeführt wurden, war er hellwach und mit Begeisterung dabei. In Mathematik blieb er aber weiterhin ein schwacher Schüler. „*Als besonders bezeichnend möchte ich anführen, dass ich als 15-Jähriger den Pythagoräischen Lehrsatz nicht beweisen konnte*", gestand er einmal missmutig ein. Außerdem habe ihn „*lediglich ein technisches Gefühl*" geleitet, so blieb es also nur bei jenen Fächern, die er für seinen beruflichen Werdegang brauchte. Nach dem einjährigen Examen war er in die Bredouille geraten, sich nun für eine Berufsrichtung entscheiden zu müssen. In dieser Frage war er allerdings nicht sonderlich motiviert, schwankte zwischen gegensätzlichen Berufsfeldern und suchte wie auf einer schwimmenden Scholle nach Halt und Festigkeit. Da ist ihm plötzlich nach langem Grübeln der Groschen gefallen: „*Als ich so nachgerade mich für einen Beruf entscheiden sollte, fragte mich mein Vater einmal, ob ich nicht Feinmechaniker werden wollte, und ich sagte ja. Mein Sinn stand allerdings mehr nach Zoologie und Botanik, aber ich hatte keinen Gefallen an der Schule, in der ich die großen Lücken in meinem Wissen stets als unangenehm empfinden würde, und so wurde ich Mechaniker.*" Mit dieser Entscheidung wollte er sich endgültig von der Schule verabschieden und in Richtung Berufsausbildung zusteuern. Doch würde es ihm im Lehrbetrieb besser ergehen als in der Schule? Schnell musste Robert erkennen, dass die Ausbildung bei einem Ulmer Mechaniker und Optiker „schlecht genug" sei. Diesmal lag es allerdings nicht an ihm, sondern an seinem Lehrherrn, der statt in der Werkstatt die Zeit lieber im Wirtshaus verbrachte. Lernen konnte er bei ihm so gut wie gar nichts. Wenn er mit eigenen Ideen und Vorschlägen an seinen Lehrherrn herantrat, stieß er jedes Mal auf taube Ohren. Für Robert verlief die Lehre deshalb nicht glücklich. So darf und sollte es in einer Lehrwerkstatt nicht zugehen, dachte er insgeheim, und biss die Zähne zusammen. Sollte er jemals selbst Unternehmer und Auszubildender werden, würde er für bessere Lehrverhältnisse sorgen. Jedenfalls sollten die Lehrlinge bei ihm etwas lernen können. Wenn sich sein Lehrherr auch wenig um ihn kümmerte, kam er doch mit einigen neuzeitlichen Geräten wie den Telefonen und Haustelegraphen in Berührung. Nach und nach erschloss er sich einige Kenntnisse in der Elektrotechnik. Als er 18 Jahre alt wurde, beendete Bosch die Ausbildung. Er wollte nun in die Fremde ziehen, am besten nach Köln, wo sein Bruder ein Geschäft für Gas- und Wasserleitungen betrieb. Der Bruder war mit dem Geschäft recht erfolgreich, war ein angesehener Kommunalpolitiker, der an der Gründung der Kölner Handelsschule maßgeblich Anteil hatte. Robert Bosch hatte nun in seinem Bruder ein Vorbild gefunden, dem er nun nacheifern konnte. Doch bevor aus ihm ein Jungunternehmer mit bahnbrechenden Innovationen wurde, musste er sich noch seine Sporen verdienen. In der Firma von Emil Fein in Stuttgart hatte er ein innovatives Unternehmen kennen gelernt, das ihn antrieb und Lust auf eigene unternehmerische Tätigkeiten machte. Fein selber war Erfinder und Konstrukteur, der sogar Verbindungen nach Übersee zu Thomas Alva Edison hatte. Immer mehr kam in Bosch der Wunsch auf sich als Techniker, Kaufmann und Unternehmer selbständig zu machen. Der Weg zur *Werkstätte für Feinmechanik und Elektrotechnik* in einem Stuttgarter Hinterhaus war aber noch weit. Der Anfang war jedoch gemacht. Aus Robert Bosch wurde am Ende nicht nur ein bedeutender Industrieller mit sozialer Verantwortung, er wurde auch Stifter und Mäzen. Als überzeugter Demokrat war er vielen anderen seiner Zeit voraus.

**Literaturnachweis:**

Theiner, Peter, *Robert Bosch – Unternehmer im Zeitalter der Extreme*, C. H. Beck Verlag München 2017, insb. S. 22.

# Gustav Mahler

1860–1911 österr. Komponist

## Verträumt und selbstherrlich

Was soll nur aus einem Kind werden, das versunken und verträumt stets den Blick nach innen wendet und die Außenwelt nur als peripheres Getriebe wahrnimmt? *„In der Schule"*, so sein Freund Theodor Fischer, *„war Gustav fahrig, zerstreut, einer seiner Lehrer am Gymnasium nannte ihn das leibhaftige Quecksilber, oft in seine eigenen Gedanken vertieft, wie versonnen und der Wirklichkeit entrückt, was ihm den Tadel seiner Lehrer zuzog."* (Fischer 2003, S. 50) Aber so verträumt er auch sein konnte, so tyrannisch und selbstherrlich war er zuweilen im Umgang mit Geschwistern und Spielkameraden. Ein quirliges und anstrengendes Kind, das insbesondere dem Vater, einem erfolgreichen Kaufmann aus dem mährischen Iglau, keine große Freude machte. Dennoch war der Junge ein wissbegieriger und lesesüchtiger Schüler, der sich mit seiner Lektüre einschloss und zeitweise als unauffindbar galt. Ob im Schweinestall oder auf dem Dach des elterlichen Hauses, Hauptsache er konnte allein und ungestört lesen. Als der Vater den Jungen nach mehreren Suchanläufen auf dem Dach vorfand, erschrak er zutiefst, denn die warnenden Zurufe von ihm hätten den Knaben erschrecken und einen Sturz vom Dach verursachen können. Als es dem Vater durch sanftes Zurufen gelang, ihn aus der Gefahrensituation zu holen, setzte es anschließend Prügel. Das Kind, so schien es dem Vater, fühlte sich in seiner Abgeschiedenheit scheinbar am wohlsten. Doch die Besorgnis blieb und sollte die Familie noch lange auf Trab halten. An dieser Stelle muss erwähnt werden, dass Gustav Mahler zu den wenigen Komponisten zählte, die über eine außerordentliche literarische Bildung verfügten. Außer Richard Wagner und Hector Berlioz, war ihm da niemand ebenbürtig. Das Lesen war neben dem Komponieren seine große Leidenschaft. Leider schlug sich das in seinen Schulnoten nicht immer nieder, so wiesen seine Schulnoten kurz vor dem Abitur im Fach Deutsch nur ein „kaum genügend" aus. Die Schulkarriere von Mahler begann im Herbst 1866, da besuchte er die k. k. Hauptschule in Iglau, drei Jahre später das Gymnasium. Anfangs waren die Leistungen des Schülers noch gut, selbst seine Turnübungen wurden gelobt. In Latein haperte es allerdings sehr, da erreichte er nur ein „Befriedigend", in den Fächern Mathematik und Naturwissenschaften mühte er sich ein „Genügend" ab. Viel besser lief es auf musikalischem Gebiet, da glänzte der Zehnjährige mit einem öffentlichen Auftritt in Iglau. *„Der Erfolg"*, so wurde vermeldet, *„den der künftige Klaviervirtuose bei seinen Zuhörern errang, war ein großer und für ihn auch ein ehrenvoller […] "* (Fischer 2003, S. 52). Gustav Mahler erkannte schon früh sein musikalisches Talent und es drängte ihn, dieses auszuleben. Wie viele Kinder seines Alters und Standes wurde er von den Eltern nach Prag geschickt, um am dortigen Neustädter Gymnasium den Schulbesuch fortzusetzen. Nach den Erinnerungen Alma Mahlers, soll es ihm dort nicht allzu gut ergangen sein. Angeblich ließ ihn die Gastfamilie barfuß durch die Straßen laufen. Dies ist allerdings nur schwer vorstellbar, denn die Prager Kaufmannsfamilien darbten nicht gerade am Existenzminimum. Der besorgte Vater merkte alsbald, dass seinem Sohn die Großstadt Prag nicht bekam und holte ihn wieder zurück nach Iglau. Doch auch die heimatliche Umgebung konnte die schulischen Leistungen des Knaben nicht steigern. Und so hieß es wieder einmal *„Grammatik kaum Genügend, schriftliche Aufgabe (Thema: Wie die Griechen ihre Dichter ehrten) nicht Genügend."* (Fischer 2003, S. 54) Keine guten Voraussetzungen für die bevorstehende Maturaprüfung, denn auch in Deutsch erreichte er ein „kaum Genügend" und in Mathematik ein „Ungenügend". Ausgerechnet der bildungs- und lesesüchtige Gustav Mahler versagte in Deutsch! Für die Eltern ein Rätsel. Lag es nur an der verträumten und verkappten Selbstherrlichkeit des Knaben? Scheinbar war sich Gustav seines musikalischen Talentes hundertprozentig gewiss, und glaubte mit diesem allein sein Berufs- und Lebensziel erreichen zu können. Die gymnasiale Karriere von Gustav

Mahler war keine Meisterleistung, als Schüler hing er sich so durch. Nur seinen Professoren war es zu verdanken, dass er nach einer Nachprüfung die Matura zumindest mit einem „Reif" abschließen konnte. Das reichte für ein Musikstudium in Wien aus. Hätten die Professoren ihre Augen nicht zugedrückt, wäre ihm vielleicht auch dieser Karriereweg verschlossen geblieben. Doch für die Aufnahme am bedeutendsten Konservatorium Europas, der Gesellschaft der Musikfreunde in Wien, reichte auch dies. Man war sich dort sicher einem hochbegabten musikalischen Talent zum Durchbruch zu verhelfen. Wie sich zeigte, eine richtige Entscheidung, und für die Musikwelt ein Grund zur Dankbarkeit.

**Literaturnachweis:**

Fischer, Jens Malte, *Gustav Mahler – Der fremde Vertraute,* Paul Zsolnay Verlag, Wien 2003, insb. S. 50, 52, 54.

# Thomas Alva Edison

1847–1931 amerik. Erfinder von Glühbirne,
Schreibmaschine und Grammophon

## Licht an für ein Genie

Eigentlich war die Ausgangslage für Thomas Alva Edison gar nicht schlecht: Mutter Lehrerin und Vater politisch engagierter Bauer. Will heißen, ihm wurden Bildung und Pragmatismus in die Wiege gelegt. Da musste doch etwas aus ihm werden! Doch einfach war es auch für ihn nicht. Im Jahre 1847, als Thomas Alva Edison das Licht der Welt erblickte, war längst nicht ausgemacht, dass er aufgrund der Vorzüge für eine klassische Schullaufbahn prädestiniert wäre. Um Bildung kümmerte sich weitgehend seine Mutter, die ihm Unterricht in den eigenen vier Wänden gab. Von seiner Mutter sollte er auch die Begeisterung für Bücher übernehmen. Die intellektuelle Mama und der aufgeweckte Vater bildeten denn auch den Nährboden für seinen Wissensdurst und Erkenntnisdrang. Edison besuchte nur kurze Zeit die Schule und zog sich lieber allein mit den Büchern zurück. Er las vorwiegend Sach- und Fachbücher, so das Buch von Isaac Newton *Principia Mathematica*. Diese Bücher weckten seinen Forscher- und Erfindergeist, er fing an zu experimentieren. Leider gingen nicht alle Experimente glimpflich aus. Als er bei einem Chemieexperiment einen Güterwagen in Brand setzte, gab es gehörigen Ärger. Das Experiment hätte böse ausgehen können, zumal sich der herbeigerannte Bahnbedienstete bei den Löscharbeiten die Hände verbrannte. Der schlug dann auch Edison kräftig auf die Ohren. Der Schlag fiel so heftig aus, dass Edison auf einem Ohr zeitlebens taub blieb. Abgesehen von

# Matthias Hohner

1833–1902 dt. Musikinstrumentenbauer

## Bilderbuchkarriere ohne Schulnoten

Die Geschichte von Hans im Glück kennt jeder. Ein anderer der auszog, sein Glück zu suchen, war Matthias Hohner. Der gebürtige Württemberger kam in äußerst bescheidenen Verhältnissen zur Welt. Keiner, der damals eine Wette auf ihn gesetzt hätte, konnte ahnen, dass er es einmal zum Multimillionär bringen würde. Allein seine Herkunft versprach alles andere als eine glänzende Karriere. Hohner wurde Mitte des 19. Jahrhunderts in einem weltabgeschiedenen Bauerndorf geboren, das ringsherum nur von Äckern und Wiesen umgeben war. Diese mussten mühsam gepflügt und bewirtschaftet werden. Die Landwirtschaft reichte zum Überleben nicht aus und so musste sich jede bäuerliche Familie einen Nebenerwerb suchen. Auch der Familie Hohner ging es nicht anders. Vater Hohner hatte fünf Kinder zu ernähren, deshalb betrieb er eine kleine Weberei, die ihn über Wasser hielt. Inzwischen lernte sein Sohn Matthias das Uhrmacherhandwerk bei seinem Schwager kennen. Davon versprach er sich bessere Einkünfte als von der Landwirtschaft. Doch die Uhrmacherei befriedigte Matthias Hohner nicht, außerdem lernte er seine zukünftige Frau, eine Schuhmacherstochter, kennen. Bald war ein Kind unterwegs und so musste Hohner rasch Geld verdienen. Da hörte er von einem Musikinstrument, das immer mehr in Mode kam und damals unter der Bezeichnung „Mundharfe" zu kaufen war. Heute ist uns dieses Musikinstrument als Mundharmonika bekannt. Matthias Hohner faszinierte dieses Instrument, und er versuchte sich im Nachbau. Die Landwirtschaft war das eine Standbein, der Bau von Musikinstrumenten das andere. Die nötigen feinmechanischen Kenntnisse waren vorhanden und so begannen er und weitere Familienangehörige, im elterlichen Haus in reiner Handarbeit Mundharfen zusammenzubauen. Anfang der 1860er-Jahre arbeiteten schon über 50 Personen an den Instrumenten und Mitte der 1860er-Jahre kamen die ersten Maschinen zum Einsatz. Die ersten Mundharfen wurden über den Uhrenhandel vertrieben. Trossingen wurde nun zum zentralen Ausgangspunkt für Hohners Unternehmung. Als in der zweiten Hälfte des 19. Jahrhunderts viele Württemberger nach Amerika auswanderten, knüpfte Hohner Kontakte zu Importeuren und Exporteuren. Es gelang ihm, die Mundharmonika in die Vereinigten Staaten zu bringen, wo sie sich bald größter Beliebtheit erfreute, weil sie für die Auswanderer ein Stück Heimat repräsentierte. 1880 wurden über 60 Prozent der Produktion nach Übersee verschifft und die Produktion durch eine Dampfmaschine unterstützt. So erwuchs aus der beschaulichen Bauernstube in Trossingen ein bedeutendes Musikinstrumentenunternehmen. Die Hohner Mundharmonika war buchstäblich an allen Lippen und die Firma konnte expandieren. Der Name Hohner und die Qualität seines einzigartigen Produktes sind bis heute geblieben. Eine Bilderbuchkarriere ganz ohne Schulnoten.

**Literaturnachweis:**
Leonhardt, Roland, *Wie das Krokodil aufs T-Shirt kam*, Cornelsen Verlag Scriptor GmbH & Co. KG Berlin 2009.

# Wilhelm Busch

1832–1908 dt. Dichter und Zeichner

## „Es saust der Stock, es schwirrt die Rute."*

Wer kennt sie nicht, die Bildergeschichten des Wilhelm Busch. Und wem kommen dabei nicht die zahlreichen Prügelszenen und Kinderstreiche in Erinnerung. Sie füllen ganze Seiten. War also die Schule doch mehr ein Ort der Züchtigung denn Lehranstalt?! Fast müsste man es annehmen, haben die Szenen doch eindeutigen Charakter. So einfach ist es aber nicht. Geprügelt, bestraft und gemaßregelt wurde auch im Elternhaus. Widerspenstige Schüler wurden rigoros zur Ordnung gerufen, andernfalls mit Stock und Rute bedroht. Daran änderte sich bis in die 1950er-Jahre nur wenig. Als Wilhelm Busch den Klassenraum betrat, fand er einen großen Saal mit bis zu 100 Kindern vor. Darin wurden Schüler unterschiedlichen Alters gleichzeitig unterrichtet. Heute unvorstellbar, war dieses Konzept die Regel. Meist lebte auch die Familie des Lehrers im Schulhaus, sodass man auf engstem Raum miteinander auskommen musste. Die genervten Lehrer verdienten nicht allzu viel, waren manchmal arm und deshalb besonders schnell reizbar, was sich im Unterricht äußerte. Wenn die Streiche der Lausbuben unter und oberhalb der Schulbänke zur Ausführung kamen, musste der Lehrer einschreiten und dies nicht selten mit der Rute in der Hand. Die Dauer einer Schulstunde betrug 45 Minuten. Der Stundenplan sah folgendermaßen aus: Religion drei Std., Biblische Geschichte eine Std., Lesen in Bibel, Gesangbuch oder Lesebuch drei Std., Hersagen des Gelernten eine Std., Schreiben zwei Std., Kopf- und Tafelrechnen zwei Std., Singen zwei Std., Geographie eine Std., Deutsche Sprache eine Std. In größeren Schulen wurde vormittags und in kleineren nachmittags unterrichtet. Wie sah das Lernpensum aus? Wilhelm Busch lernte im Grunde von jedem etwas. Schreiben, Rechnen, Lesen, ein wenig Geografie und Musik. Daneben wurden die Kinder mit Bibel und Gesangbuch sowie anderer frommer Literatur bekannt gemacht. Buschs Eltern achteten darauf, dass der Kleine auch zuhause fromme Bücher las, eifrig Bibelverse lernte und das Gesangbuch nicht nur zum Umblättern benutzte. Mit neun Jahren war es dann mit der vertrauten Heim- und Dorfschule vorbei. Nun musste sich Wilhelm Busch, wie viele andere begabte Kinder auch, der Kinderverschickung fügen. Familien mit vielen Kindern konnten sich entlasten, in dem sie ein Teil ihrer Kinder (meist die Älteren) den Verwandten übergaben. Dadurch sparten sie Haushaltsgeld, mussten aber wenigstens etwas zum Kostgeld beisteuern. Hauptsache war, dass man einen Mitesser und Bettgesellen weniger im Hause hatte und die teils prekären Verhältnisse dadurch etwas entzerrt wurden. Für Wilhelm Busch war dies kein Unglück, er freute sich darauf bei dem Bruder seiner Mutter aufgenommen zu werden. Der Onkel wohnte in einem Pfarrhaus und soll eine ruhige und ausgeglichene Natur gehabt haben. Dies war bei dem Lausbuben auch notwendig. Denn Wilhelm hatte gleich zu Anfang versucht, den Dorftrottel zu maltätieren, was der Onkel mit einigen leichten Hieben quittierte. Das war es dann aber auch schon an Handgreiflichkeiten. Dennoch hatte Wilhelm Busch Heimweh, was sich in seinen „eigentümlichen Halsschmerzen" äußerte. Er war inzwischen ein Teil der Pastorenfamilie geworden und stand damit im Fokus der Dorfgemeinschaft. Der gebildete Mann unterrichtete den Sohn seiner Schwester höchstpersönlich, so fühlte sich Wilhelm Busch nicht unwohl. Obwohl ein Pfarrhaus, war die Atmosphäre weder steif noch kühl und ließ Platz für andere Interessen, wie den Bienen. Sie wollte er gründlich erforschen. Busch begann schon hier mit kleineren Zeichnungen, als Vorlage dienten ihm Porträts, die an den Wänden hingen. Freundschaft schloss er mit dem Sohn des Müllermeisters und anderen Buben des Dorfes. Gemeinsam nutzte man die freie Zeit für eigene Unternehmungen. Busch erinnerte sich: „*Wir gingen vors Dorf hinaus. Um zu baden. Wir machten eine Mulde aus Erde und Wasser, die wir Peter und Paul benannten, überkleideten uns damit von oben bis unten, legten uns in die Sonne, bis wir inkrustiert waren wie Pasteten, und spülten's im Bach wieder ab.*" (Schury

2007, S. 38) Als er bereits ein etablierter Zeichner war, brauchte er nicht lange nachzudenken um sich der Badeszene zu erinnern, er brachte sie in den Figuren „Plisch und Plum" zu Papier. Um die Eltern über seine Lernerfolge zu informieren, schrieb er ihnen zu Weihnachten einen langen Brief, indem er ihnen mitteilte, dass er nicht so dumm geblieben sei, wie noch vor einem Jahr. Ebenso strotzend und selbstbewusst fügte er wie zum Beweis noch einige Bücher bei, die er selber vollgeschrieben hatte. Für einen Neunjährigen eine erstaunliche Leistung. Als Wilhelm Busch heranreifte und sich die Frage nach einem Beruf stellte, waren sich Eltern und Onkel schnell einig: er solle die Polytechnische Schule in Hannover besuchen, damit aus ihm ein tüchtiger Maschinenbauer werde. Konnte das im Interesse von Wilhelm Busch gelegen haben? Wohl eher nicht, denn der nun Sechzehnjährige fühlte sich mehr denn je zu den Künsten hingezogen. Dennoch gab er den Wünschen der Familie nach und versuchte auch hier sein Bestes zu geben. *„Sechzehn Jahre alt, ausgerüstet mit einem Sonett nebst zweifelhafter Kenntnis der vier Grundrechnungsarten, erhielt ich Einlass zur Polytechnischen Schule in Hannover, allwo ich mich in der reinen Mathematik bis zur Nr. 1 mit Auszeichnung emporschwang."* (Schury 2007, S. 42) Aus dieser Zeit ist wenig über sein Lernverhalten, seine schulischen Leistungen, seine Verhältnisse zu Lehrern und Schülern bekannt, jedoch über seine Schnurren, Kapriolen und seltsamen Angewohnheiten umso mehr. So gibt es denn auch mehr Anekdotisches als Biografisches zu berichten. Dass er sich des Rauchens und Biertrinkens ermächtigte, der Wirtshäuser und Kameradschaftspflege zuwandte, verschwieg er ebenso wenig wie die Eskapaden seines ausgelassenen Studentenlebens. Wilhelm Busch zeichnete gern und viel, und war zu allen gut Freund. Ein *„höchst gescheiter und geistreicher Kopf"* sei er gewesen, der *„alles ins Lächerliche"* (Schury 2007, S. 44) zieht und über Komikerqualitäten verfüge, so seine Zeitgenossen. Doch es gab auch den fleißigen, lernbegierigen und studierwilligen jungen Mann, der es durchaus bis zum Abschluss eines Maschinenbauingenieurs hätte bringen können. Nach dreieinhalb Jahren wechselte Wilhelm Busch das Studienfach, denn *„allmählich kamen die schwierigen Fächer an die Reihe. Vor allem die Voraussetzung der höheren Mathematik, von denen Berkeley behauptet, sie wären shocking to good senge und deren hohe Bedeutung ich erst später erkannte, machten mich stutzig. Mein Eifer erlahmte. Auf Anraten des Malers Klemme ging ich bis auf weiteres nach Düsseldorf zur Akade-*

*mie."* (Schury 2007, S. 45) In Düsseldorf an der Akademie angekommen, musste er sich häufig den lieben langen Tag mit dem modellieren von Gipsabgüssen und dem Kopieren von Porträts widmen. Für ihn eine eintönige Beschäftigung, die ihn eigentlich nicht weiterbrachte. Sein Verständnis als Künstler geriet ins Wanken. Er wurde weder gefordert noch gefördert, die Enttäuschung war groß. Obwohl er sich selbst immer wieder disziplinierte und mit Fleiß die Studien absolvierte, kam er nicht voran. Zweifel überkamen Wilhelm Busch und kurzerhand entschied er sich, seine Malutensilien einzupacken und mit der restlichen Habe nach Antwerpen zu reisen. An der *Königlichen Akademie der Schönen Künste* wollte er einen Neustart wagen. Hier gelang ihm zumindest ansatzweise mehr als in Düsseldorf: *„Ich befinde mich hier in Antwerpen sehr wohl und kann mich nicht genug freuen, dass ich hier mit meinen Malstudien den Anfang gemacht habe. Jedenfalls lerne ich hier in einem halben Jahr ebenso viel als ich in Düsseldorf in einem Ganzen gelernt haben würde."* (Schury 2007, S. 47) Busch schien endlich angekommen zu sein und die richtige Akademie gefunden zu haben. Auch beginnt er hier mit kleineren Schreibversuchen, die später einmal seine Zeichnungen kommentieren sollten. Antwerpen war für ihn eine gute Zeit. Erst eine Typhusepidemie und eine anschließende Rekonvaleszenz beendeten seinen Aufenthalt dort. Wieder zurück in familiären Gefilden widmete er sich immer mehr den Volksmärchen, Sagen, Sprüchen und Liedern zu. Darin fand er zahlreiche Anregungen für seine eigenen Bildergeschichten. Nach mehreren anderen Stationen setzte er im Jahr 1854 seine Kunststudien in München fort. In der Münchener Boheme wurde er bald genauso bekannt wie seine eigenwilligen Zeichnungen. Mit seinen Texten und Zeichnungen traf er tatsächlich eine Marktlücke. Bald belieferte er regelmäßig die *Fliegenden Blätter* und den *Münchener Bilderborgen*. Im Jahr 1865 erschien seine Bildergeschichte *Max und Moritz*, die ihm zum Durchbruch verhalf und bis heute unvergessen macht. Die schwirrende Rute von einst konnte seinem Talent nichts anhaben – auch nicht ein lebensfroher Mensch zu werden. Busch blieb Busch.

**Literaturnachweis:**

Schury, Gudrun, *Ich wollt, ich wär ein Eskimo – Das Leben des Wilhelm Busch*, Aufbau Verlagsgruppe GmbH Berlin 2007, insb. S. *23; 38, 42, 44 f., 47.

# Heinrich Schliemann

1822–1890 dt. Archäologe

## Mit Homer auf großer Fahrt

Märchen und Sagen waren es, die ihn schon früh faszinierten. Er wollte ihnen auf die Spur kommen und deren Geheimnisse ergründen. Keine schlechten Voraussetzungen für einen Archäologen, der einst Troja entdecken und ausgraben sollte. Aber noch war es ein langer Weg bis dorthin. Der im Mecklenburgischen geborene Pfarrerssohn Heinrich Schliemann, fraß sich regelrecht in die Sagenwelt der Griechen hinein. Die Hausbibliothek seines Vaters war denn auch für ihn wie eine Schatzkammer, die er von nun an zu plündern begann. Hier fand er auch eine Ausgabe von Homers *Ilias* und der *Odyssee*. Mithin durchstreifte er die Gegend, um nach sagenumwobenen Schlössern, Hügeln und geheimnisvollen Ruinen Ausschau zu halten. Immer von der Entdeckerfreude und Neugierde getrieben, schenkte er den Märchen seiner Heimat unbedenklichen Glauben. Verstärkt aber wurde das Interesse an der Antike durch seinen Vater, der Heinrich faszinierende Schilderungen von Herculaneum und Pompeji zuteil werden ließ. Manchmal saßen die beiden stundenlang zusammen und Heinrich hörte gebannt seinem Vater zu, der ihm von homerischen Helden und den Ereignissen um den Trojanischen Krieg erzählte. Betrübt musste er zur Kenntnis nehmen, dass Troja dem Erdboden gleich gemacht wurde. Der Vater versorgte seinen Sohn mit entsprechender Lektüre, und so fanden sich unter dem Weihnachtsbaum Bücher, die ihn begeisterten und zum Selbststudium anregten. So erhielt er zu Weihnachten

1829 das Buch *Weltgeschichte für Kinder*. Der damals Achtjährige las und las und grub sich immer mehr in die antike Sagen- und Mythenwelt hinein. Als Heinrich Schliemann etwas älter wurde, unterrichtete ihn sein Vater in Latein. Unterbrochen wurde dieser Lernprozess durch den plötzlichen Tod seiner Mutter, da war er gerade neun Jahre alt. Der Vater fiel in eine tiefe Depression und schickte seinen Sohn vorübergehend zu seinem Bruder, dem Prediger Friedrich Schliemann. Der kümmerte sich um den Knaben. In dieser Zeit wurde er von dem Philologen Carl Andres aus Neu-Strelitz unterrichtet. So war es ihm möglich, seinen Vater ein Jahr später mit einem Aufsatz über die Hauptereignisse des Trojanischen Krieges zu überraschen. Und dies – wenn auch nicht ganz fehlerfrei – in lateinischer Sprache! Ein großartiges Geschenk für den Vater. *„Im Alter von elf Jahren kam ich auf das Gymnasium von Neu-Strelitz, wo ich nach Tertia gesetzt wurde“* (Bölke 2000, S. 31), schreibt er in seiner Autobiografie. Doch dann kam es zu einem folgenschweren Bruch, der seine ganze Schullaufbahn beeinflussen sollte. Dem Vater gingen die finanziellen Mittel aus, die nötig gewesen wären, um seinen Sohn auf dem Gymnasium zu halten und ein Universitätsstudium zu ermöglichen. Also schickte er seinen Sohn auf die Realschule, wo er gleich in die zweite Klasse übernommen wurde. Leider blieb es nicht dabei. Heinrich wurde zurückversetzt in die erste Klasse. Vater und Sohn zogen Konsequenzen und einigten sich darauf, dass Heinrich eine Lehre in einem kleinen Krämerladen im Städtchen Fürstenberg beginne. Als Kaufmannslehrling diente er sechs Jahre seinem Lehrherrn: *„Meine Tätigkeit bestand in dem Einzelverkauf von Heringen, Butter, Kartoffelbranntwein, Milch, Salz, Kaffee, Zucker, Öl, Talglichtern usw., in dem Mahlen der Kartoffeln für die Brennerei, in dem Ausfegen des Ladens und ähnlichen Dingen.“* (Bölke 2000, S. 32) Aus dem einstigen wissensdurstigen Griechenfreund ist nun ein biederer Lehrling geworden, der zwischen 5 Uhr morgens und 11 Uhr abends im Laden aufräumte und Kunden bedienen musste. Schnell verlernte er das Angelesene und Einstudierte, gar den Bezug zur Wissenschaft. Da geschah eines Abends das Unerwartete. Ein betrunkener Müller betrat den Laden, er hieß Hermann Niederhöffer. Dieser Niederhöffer war es, der Schliemann wieder für Homer begeistern sollte. Und das kam so: Niederhöffer musste wegen schlechten Betragens das Gymnasium verlassen, wanderte danach als Müllergeselle durch die Lande bis er – wieder einmal betrunken – vor Heinrich im Laden stand. Während des Abends deklarierte der

Müllergeselle unentwegt homerische Verse. Heinrich war ergriffen, und das so sehr, dass ihm die Tränen über das Gesicht rannen. Nichts war nun sehnlicher, als sein Wunsch Griechisch zu lernen. Wie aber der unbefriedigenden und niederen Stellung entkommen? Mag es Zufall oder Fügung gewesen sein, es war jedenfalls wie ein Wunder für ihn. Heute würden wir sagen: ein Betriebsunfall. Heinrich hob ein schweres Fass an und zog sich dabei eine Verletzung an der Brust zu. Als er danach Blut auswarf, fand seine Arbeit bei dem Krämer ein jähes Ende. Schwere Arbeit war aufgrund der heftigen Brustschmerzen nun nicht mehr möglich. Und so heuerte er bei einem Schiffsmakler an, der den Kajütenjungen zu einer Fahrt nach Venezuela vermittelte. Arm und mittellos trat Schliemann die Reise an. Doch das Schiff kam nicht weit. Ein Sturm verschlug das Schiff auf die holländische Insel Texel, wo es auf eine Sandbank lief. Pech und Glück für ihn. Nun musste Heinrich wieder von vorne anfangen und nahm eine Stellung als Bürodiener in Amsterdam an. Hier hatte er wenigstens Zeit sich wieder um seine brachliegende Bildung zu kümmern und moderne Sprachen zu lernen. Auch verdiente er jetzt etwas mehr, wovon er die Hälfte in seine Bildung investierte. Dennoch war er motiviert und hochgestimmt, obwohl *„meine Wohnung, für die ich monatlich acht Franken bezahlte, eine elende unbeheizbare Dachstube"* war, *„in der ich im Winter vor Frost zitterte, im Sommer aber unter der glühendsten Hitze zu leiden hatte."* Heinrich machte sich selbst Mut, denn *„nichts spornt mehr zum Studieren an als das Elend und die gewisse Aussicht, sich durch angestrengte Arbeit daraus befreien zu können."* (Bölke 2000, S. 37) Und wie er sich befreite! Neben dem Erlernen von Sprachen trug er bei seinen Botengängen immer ein Buch mit sich herum, in dem er las und sich die wichtigsten Stellen einzuprägen versuchte. Am Ende konnte er sich in der holländischen, spanischen, italienischen und portugiesischen Sprache verständigen. Da er nicht bei seinem alten Arbeitgeber befördert wurde, wechselte er die Stelle und wurde Korrespondent und Buchhalter in einem anderen Kontor. Danach ging es stetig aufwärts. Heinrich Schliemann gelang es, sich breites kaufmännisches Wissen anzueignen und daraus Kapital zu schlagen. So wurde er Handelsagent in St. Petersburg und erfolgreicher Indigohändler mit Filialen in Moskau. Nach all diesen Erfolgen wünschte er nichts sehnlicher, als endlich wieder Griechisch zu lernen. Er tat es. Inzwischen liefen die Geschäfte in St. Petersburg und Moskau ausgezeichnet und bald konnte Heinrich Schliemann auf ein ansehnliches Vermögen blicken. Dies machte es ihm möglich auf Weltreise zu gehen und endlich seinen Traum wahrzumachen: Griechenland zu bereisen und Troja aufzufinden. Von nun an begann sein eigentliches Leben als Archäologe und Troja-Entdecker, begann die Legendenbildung eines ungewöhnlichen Menschen, dessen Lebensweg in unzähligen Erzählungen und Verfilmungen noch heute die Menschen in Erstaunen versetzt.

**Literaturnachweis:**

Bölke, Wilfried, *Heinrich Schliemann. Auf den Spuren Homers*, Heinrich Albert Verlag Stuttgart 2000, insb. S. 31 f., 37.

# Werner Siemens

1816–1892 dt. Industrieller
und Begründer der modernen
Elektrotechnik

## „... rechnet ohne alle Form"*

Weil die Schulpflicht auf dem Land noch nicht eingeführt wurde, erhielten Werner und seine Geschwister von ihrer Großmutter Unterricht. Danach übernahm der Vater, Christian Ferdinand Siemens, zumindest für ein halbes Jahr den Unterricht seiner Kinder. Der Vater glaubte die Kinder ausreichend auf dem Gebiet der Weltgeschichte und Völkerkunde zu unterrichten, merkte aber schon bald, dass er an seine Grenzen stieß. Als Pächter einer Domäne in Menzendorf (Mecklenburg) hatte er mit der Verwaltung schon alle Hände voll zu tun, weshalb er die Lehrerfunktion nur dilettantisch ausüben konnte. Immerhin attestierte sein Sohn Werner dem Vater, geistreich und originell gewesen zu sein. Die Eltern sahen bald ein, dass es so nicht weitergehen konnte und ein ordentlicher Schulbesuch den Unterricht von Großmutter und Vater ersetzen müsse. Mit elf Jahren betrat Werner Siemens zum ersten Mal eine reguläre Schule. Die 6 km entfernte Bürgerschule lag in Schönberg, sie musste er zu Fuß erreichen, also ganze 12 km am Tag zurücklegen. In dem Städtchen unterschieden sich die Kinder vom Lande deutlich, man schenkte ihnen deshalb wenig Beachtung, und so befand man sich in einer Art Kriegszustand mit den Stadtschülern. Als wehrhafter Selbstschutz diente den Kindern eine als Lanze hergerichtete Bohnenstange. Damit konnten sich die Landkinder im Ernstfall den Weg freikämpfen. Einfach war es für die Dorfkinder nicht, sie wurden mit allerlei Vorurteilen bedacht und waren damit stigmatisiert. Die Menzendorfer Jungen hielten jedoch zusammen und unterstützten sich gegenseitig. Aber scheinbar war den Eltern von Werner Siemens die Gefahr doch zu groß und sie engagierten einen Hauslehrer. Für die Pächterfamilie eine finanzielle Belastung, die man aber zu Gunsten einer umfassenden Schulbildung auf sich nahm. So wurden auch die beiden jüngeren Söhne, Hans und Ferdinand, mitunterrichtet. Ein junger Theologiestudent namens Christoph Sponholz nahm sich der Kinder an. Wie sich herausstellte, eine gute Wahl. *„[…] im höchsten Grade anregend und anspornend"* (Bähr 2016, S. 34), sei der Unterricht gewesen, heißt es in den Erinnerungen der Kinder. Dabei verstand es der Hauslehrer, seine Schüler immer wieder aufs Neue für Themen und Lernstoffe zu begeistern. Besser konnte es nicht gehen. Doch nach einiger Zeit stellte sich heraus, dass der junge Theologiestudent unter depressiven Phasen litt und die anfängliche Euphorie der Familie damit gedämpft wurde. So geschah, was alle insgeheim befürchteten, eine Tragödie. Denn eines Nachts schlich der junge Mann ums Haus und beging Selbstmord. Damit war nun auch dieser Versuch gescheitert, den Kindern im häuslichen Rahmen einen Schulunterricht zu ermöglichen. Was nun? Es musste Ersatz gefunden werden. Man entschied sich kurzerhand für einen älteren, wenn auch etwas kränklichen Hauslehrer. Der vermochte es aber nicht, die Kinder zu begeistern und zu motivieren. Wie sich herausstellte, eine Fehlbesetzung. Dieser kränkliche Hauslehrer verstarb denn auch nach zwei Jahren an Lungenschwindsucht. Im Laufe der nächsten Jahre erfuhr die Familie steten Zuwachs. Acht Kinder waren es nun an der Zahl. Für den Vater wurde es immer beschwerlicher für eine gewisse Ordnung unter der Kinderschar zu sorgen. Er wirkte oft gereizt und bestrafte bei irgendeinem Vergehen gleich alle Kinder mit. Werner musste oftmals in die Presche springen und vermitteln. *„Das alles lastete namentlich auf mir als dem ältesten und hat das Gefühl der Verpflichtung, für meine jüngeren Geschwister zu sorgen, schon früh in mir geweckt und gefestigt"* (Bähr 2016, S. 34), schrieb Werner von Siemens in seinen *Lebenserinnerungen*. Es entwickelte sich in ihm ein „Gefühl der Verpflichtung", sodass er sich anmaßte ein gewisses „Strafrecht" über die Geschwister zu verhängen. Zeigten sich darin schon erste Anzeichen einer Unternehmerpersönlichkeit mit Fürsorgepflicht? Unternehmer, die früh gelernt haben Verantwortung für Geschwister und Eltern zu übernehmen, stehen meist auch ihren Mitarbeitern gegenüber in der Pflicht. Nachdem nun alle Hauslehrerversuche glimpflich gescheitert waren, wurde dem Vater immer deutlicher bewusst, dass zumindest Werner und sein Bruder Hans eine höhere Schule besuchen sollten. Da bot sich das humanistische *Gymnasium Katharineum* in Lübeck an. Es verfügte über einen ausgezeichneten Ruf, weit über die Stadt hinaus. Persönlichkeiten wie Theodor Storm und später Thomas Mann saßen hier ihre Unterrichtsstunden ab. Hier schickten alle Lübecker Bürgerssöhne ihre Kinder hin. „Also genau die richtige Schule für meine Kinder", dachte sich Vater Siemens. Bedacht hatte er allerdings nicht, dass der Schulbesuch seiner beiden Söhne eine Menge Geld verschlingen würde. Doch Vater Siemens wollte diese finanzielle Durststrecke durchstehen; ihm war viel an einer höheren Schulbildung gelegen. Er selbst hatte eine Klosterschule besucht und damit eine höhere Schulausbildung genossen. Warum sollte er dies seinen Kindern verwehren? Nach bestandener Aufnahmeprüfung bezogen Hans und Werner ihr Quartier in der privaten Schülerpension Starky. Einfach war der Schulbesuch der beiden Brüder nicht, denn ihnen wurde schnell klar, dass sie gegenüber ihren Mitschülern über große Wissenslücken verfügten, und so fiel das erste Halbjahreszeugnis mäßig aus. In dem Zeugnis hieß es: „*Dieser Schüler hat gar keine Schule, er kann auch seines schwachen Gehörs wegen dem Vortrage nicht folgen und bedarf daher noch immer einer besonderen Nachhilfe*". Die Schwachpunkte lagen vorwiegend in der Mathematik. Bei Werner wurde ein „*Mangel an Elementarkenntnissen*" (Bähr 2016, S. 34) festgestellt. Auch im Zeugnis zu Weihnachten 1832 war die Benotung in Mathematik nicht besser geworden. Werner „*rechne ohne alle Form*" (Bähr 2016, S. 34), hieß es darin lapidar. Nach ein paar Monaten sollte es aber aufwärts gehen, jedenfalls wurden ihm Fleiß und Anstrengung in diesem Fach bescheinigt. Es gelang Werner, die Defizite aufzuholen, weshalb er in die nächst höhere Paralellklasse versetzt werden konnte. Neben der frühen Verantwortung und Fürsorge für seine Geschwister, bildete sich schon früh sein Interessensschwerpunkt heraus. Mit Latein und Griechisch konnte er wenig anfangen und wählte deshalb auf der Sekunda Griechisch ab. Stattdessen nahm er Privatunterricht in Mathematik und Feldmessen. Ahnte er vielleicht, dass er dies als innovativer Industrieller einmal gebrauchen könnte? Werner Siemens war ein pflichtbewusster und disziplinierter Schüler, dem Schulbummeleien, Verspätungen und unflätiges Verhalten fremd waren. Besonders pikante oder außergewöhnliche Schulerlebnisse, wie sie viele andere Schüler in seinem Alter hatten, konnte er nicht aufweisen. Werner Siemens war eher unauffällig und leistungsorientiert. Seine Kontakte zu Mitschülern waren beschränkt, Freundschaften im üblichen Sinne kamen nicht zustande. Beide Brüder hielten aber fest zusammen und konzentrierten sich mehr oder weniger auf den Schulbesuch. Einzig sein Bruder Hans schlug etwas aus der Reihe und hatte gefallen an außerschulischen Vergnügungen. Nach zwei Jahren Schulzeit auf dem *Katharineum* trugen die nunmehr angespannten Verhältnisse dazu bei, Werner nach der Sekunda von der Schule zu nehmen. Damals war das kein Unglück, denn Schüler, die einen praktischen Beruf anstrebten, machten vielfach davon Gebrauch. Es war ja auch keine endgültige Entscheidung gegen das Abitur, denn dieses ließe sich durch eine Eignungsprüfung nachholen. Hans kehrte ebenfalls von der Schule nach Menzendorf zurück und half seinem Vater bei der Bewirtschaftung der Domäne. Werners Leistungen dagegen machten den Vater stolz und er suchte nach Wegen, seinem Sohn eine qualifizierte Ausbildung zu ermöglichen. Keine einfache Sache, denn die finanziellen Mittel der Großfamilie blieben nach wie vor begrenzt. Großartig wäre es, wenn Werner auf die Berliner Bauakademie käme, aber das war nur ein Wunsch. Die Technische Hochschule in Berlin-Charlottenburg bildete Baumeister und Feldmesser aus. Sie war auch die Schule von Karl Friedrich Schinkel, dem Top-Architekten von Preußen. Vorteil dieser Schule war auch, dass hier kein Abitur Voraussetzung war. Doch was nützte all dies, wenn die finanziellen Mittel dazu fehlten? Wie immer im Leben eines Menschen, spielt das Glück eine nicht unerhebliche Rolle. So war es auch bei Werner Siemens. Bei seinem Nachhilfelehrer Ferdinand von Bültzingslöwen fand er für sein Anliegen ein offenes Ohr. Bültzingslöwen kannte seinen Schüler und wusste um dessen Talent und Leistungsbereitschaft. Ihm war es in jungen Jahren ähnlich ergangen wie seinem Nachhilfeschüler. Auch er konnte seinen Berufswunsch – Feldmesser zu werden – nur durch einen Umweg erlangen. Bültzingslöwen meldete sich damals zur preußischen Armee und besuchte die dortigen Ausbildungsstätten. So war es ihm möglich doch noch zu einer angemessenen Ausbildung zu kommen. Er empfahl Werner diesen Weg ebenfalls zu gehen und in das preußische Ingenieurskorps einzutreten. Dieser Tipp war goldrichtig, denn Offiziersanwärter konnten damit die *Königliche Ingenieursschule* in Berlin besuchen. Werners Vater stimmte dem Vorschlag zu. Auch die strenge Eingangsprüfung schaffte Werner gut, und so wurde aus der anfänglichen Wackelpartie doch noch eine handfeste Berufsausbildung. Damit war nun der Weg frei für eine außergewöhnliche Karriere, die Werner Siemens zu einem modernen und innovativen Unternehmer machte. Er schuf im Laufe der nachfolgenden Jahrzehnte ein Weltunternehmen, dessen Name, die heutige Werner Siemens AG, nach wie vor Klang und Namen hat.

**Literaturnachweis:**

Bähr, Johannes, *Werner von Siemens 1816–1892 – Eine Biografie*, C. H. Beck Verlag München 2016, insb. S. *34; 34.

# Alfred Krupp
1812–1887 dt. Industrieller

## Hochofen statt Schule

Ein vorzeitiger Schulabgänger war auch Alfred Krupp, wenn auch aus Notwendigkeit. Als sein Vater Friedrich Krupp schwer erkrankte und sonst niemand außer ihm einspringen konnte, nahm er den Sohn von der Schule. Er ließ ihn im Betrieb ausbilden und übergab ihm schließlich die hochverschuldete Gussstahlfabrik, da war er gerade einmal 14 Jahre alt. Für Alfred Krupp, der nun das Erbe seines Vaters antrat, war damit Kindheit und Jugend vorbei. Wo andere noch die Schulbank drückten, sich an Schülerstreichen ergötzten, Lehrer striezten und den Mädchen nachjagten, musste er Verantwortung übernehmen. Und was für eine Verantwortung! Als Geschäftsführer einer Gussstahlfabrik war die Zeit für jugendliche Eskapaden äußerst knapp. Die Belange von Amboss und Schmelzofen, von Mitarbeitern und Management, erforderten seine ständige Präsenz. Doch überraschenderweise wuchs Krupp schnell in die Rolle eines Fabrikunternehmers hinein, der sich um vielerlei kümmern und Entscheidungen von hoher Tragweite treffen musste. Wo manche zu resignieren drohten – angesichts der Fülle solcher Aufgaben – saß er entspannt auf seinem Chefsessel und dachte über innovative Produktionstechniken nach. So kam er auf die Idee Präzisionswalzen einzusetzen und damit seinen Kunden ein Qualitätsversprechen zu geben. Im Grunde gehörte die Fabrik noch seiner Mutter, er war nur deren Geschäftsführer. Dies änderte sich, als er die Firma seiner Mutter abkaufte und zum alleinigen Geschäftsführer wurde. Nun hatte er freie Hand und konnte auf dem Markt um Eisen und Stahl kräftig mitmischen. Alfred Krupp wurde rasch zum Stahlbaron, aber leider auch zum Kanonenkönig. Er galt zu seiner Zeit als einer der bedeutendsten Industriepioniere Deutschlands. Damit galt er auch als einer der reichsten Männer des Landes. Aber Krupp wäre nicht Krupp gewesen, wenn er sich nicht fürsorglich um die Belange und Nöte der Arbeiterschaft gekümmert hätte. Schon 1836 gründete er eine „Hilfskasse für Krankheits- und Todesfälle". Später kamen noch andere Wohlfahrtseinrichtungen hinzu. Dennoch war der Firmenpatriarch, dem eine gründliche Schulausbildung versagt geblieben ist, nicht ganz unumstritten. So wurde sein beispielloses Gewinnstreben und seine Haltung als Rüstungslieferant kritisiert. Ebenso verlangte er von seinen Mitarbeitern unbedingte Treue zum Unternehmen. Sozialfürsorge gab es bei ihm deshalb nicht zum Nulltarif. Vielleicht haben all diese Dinge eine Ursache in dem vorzeitigen Schulabbruch, der Überantwortung großer Aufgaben und der Zurückstellung eigener Wünsche und Träume gehabt. Gesellschaftlich hatte er alles erreicht, was ein Mann mit seinen Fähigkeiten erreichen konnte. Die Krupp AG wurde in seiner späteren Entwicklung zu einem Weltunternehmen. Was wäre aber aus Alfred Krupp geworden, wenn er womöglich die Schulzeit verlängert und eine Universitätskarriere angestrebt hätte? Im Nachhinein kann man nur spekulieren, und so sprechen die Fakten (früher Tod des Vaters, Schulabgang mit 13 Jahren, Geschäftsführer in der Hochphase der Adoleszenz) eher für einen Praktiker, der um die Bedeutung von Verantwortung und Fürsorglichkeit wusste. Schulabbrüche müssen darum keinen Karriereknick auslösen oder gar negative Entwicklungen fördern. Junge Menschen werden ja oft erst dann wachgerüttelt, wenn sie auf eigenen Beinen stehen und Verantwortung übernehmen müssen. Dass dies keine schlechte Schule sein muss, zeigt das Beispiel Alfred Krupp.

**Literaturnachweis:**

Beckmann, Katharina, *Alfred Krupp. Der Stahlbaron*, unter: https://www.geo.de/geolino/mensch/19377-rtkl-industrialisierung-alfred-krupp-der-stahlbaron (letzter Aufruf: 2.8.2019).

# Abbildungslegenden

**Lang Lang – Klaviervirtuose mit Kriegerseele**
Lang Lang im Kongresszentrum der jährlichen Versammlung des World Economic Forum, Davos, Schweiz, 2010.

**Gerhard Schröder – Schüler mit Gerechtigkeitssinn**
Gerhard Schröder bei der Vernissage der Immendorff-Retrospektive im Haus der Kunst. München 2018.

**Wolfgang Hilbig – Da will ich nicht hinein**
Wolfgang Hilbig in seiner Jugend.

**Glenn Gould – Beethoven statt Baseball**
Glenn Gould im Alter von 13 Jahren mit seinem English Setter Nicky.

**Thomas Bernhard – Krankhafter Widerwille gegen das Lernen**
Thomas Bernhard als Kind mit seinem Vater.

**Hildegard Knef – Fräulein Rosa**
Hildegard Knef (links) als Schauspielerin in der Shakespeare-Komödie „Wie es euch gefällt".

**Peter Ustinov – Tölpelhaft und komisch**
Peter Ustinov zusammen mit seiner Frau und seiner Tochter.

**Édith Piaf – Straßen- statt Schulweisheit**
Édit Piaf als Kind.

**Erwin Strittmatter – Nichtsnutz mit Bäckerambitionen**
Erwin Strittmatter in seiner Jugend.

**Samuel Beckett – Schmierfink-Sam**
Samuel Beckett.

**Hannah Arendt – Frühstück statt Griechisch**
Hannah Arendt (links) mit 8 Jahren zusammen mit ihrer Mutter.

**Erika Mann – Zeugnis für die Diele**
Katja Mann mit ihren sechs Kindern um 1919 (Erika Mann rechts außen).

**Erich Kästner – Kein fliegendes Klassenzimmer**
Erich Kästner um 1930.

**Carl Zuckmayer – Schule – ein Stück von mir**
Carl Zuckmayer (links) mit seinem Bruder Eduard. Mainz 1906.

**Kurt Tucholsky – Langeweile am Lackstiefel-Gymnasium**
Kurt Tucholsky im Jahr 1984.

**Alban Berg – Disharmonien in der Schule**
Alban Berg im Jahr 1909.

**Coco Chanel – No 5**
Coco Chanel als Kind.

**Franz Kafka – Beim Abitur geschwindelt**
Franz Kafka als Kind. 1888.

### Stefan Zweig – Gefangener im Klassenzimmer
Stefan Zweig um 1900.

### Albert Einstein – Alles relativ
Albert Einstein (rechts) mit seiner jüngeren Schwester. Etwa 1886.

### Lise Meitner – Lernen um zu begreifen
Lise Meitner (links) im Labor mit Otto Hahn.

### Alfred Döblin – Auf den Schulboden gespuckt
Alfred Döblin mit seinem ersten Sohn Peter Döblin 1913.

### Robert Walser – Musterschüler und Teufelslehrling
Robert Walser um 1900.

### Hermann Hesse – Weltschmerz und Geistesverwirrung
Hermann Hesse im Jahr 1946.

### Rainer Maria Rilke – Mythos Schulzeit
Rainer Maria Rilke mit drei Jahren zusammen mit dem Familienhund.

### Thomas Mann – Die Stunden absitzen
Thomas Mann als Kind um 1878.

### Melitta Bentz – Karriere mit Löschblatt
Porträtfoto von Melitta Bentz.

### Else-Lasker Schüler – „[…] nicht außergewöhnlich dumm."
Else Lasker-Schüler als junge Frau. Vermutlich kurz nach ihrer Hochzeit mit Berthold Lasker 1894.

### Marie Curie – Keine Angst vor Noten und Strahlung
Marie Sklodowska Curie mit 16 Jahren.

### Hermann Löns – Doktorarbeit am Bahnhof verloren
Hermann Löns (links) mit seinem Freund Max Apffelstaedt. Göttingen 1889.

### Henry Ford – Ideen wie am Fließband
Henry Ford als junger Mann 1888.

### Gerhart Hauptmann – Schwacher Sextaner
Gerhard Hauptmann mit etwa 28 Jahren um 1890.

### Robert Bosch – Kein Sitzfleisch
Robert Bosch im Alter von 27 Jahren mit seinem Hut, den er bei Kundenbesuchen zu tragen pflegte.

### Gustav Mahler – Verträumt und selbstherrlich
Gustav Mahler als Kind um 1865.

### Thomas Alva Edison – Licht an für ein Genie
Thomas Edison

### Matthias Hohner – Bilderbuchkarriere ohne Schulnoten
Porträtfoto von Matthias Hohner.

### Wilhelm Busch – „Es saust der Stock, es schwirrt die Rute."
Wilhelm Busch um 1860.

### Heinrich Schliemann – Mit Homer auf großer Fahrt
Porträtfoto von Heinrich Schliemann um 1890.

### Werner Siemens – „[…] rechnet ohne alle Form."
Werner Siemens als Leutnant zweiter Klasse der preußischen Artillerie 1842.

### Alfred Krupp – Hochofen statt Schule
Ölgemälde von Alfred Krupp.

# Abbildungsnachweis

Wir haben uns bemüht, für alle Abbildungen die entsprechenden Rechteinhaber zu ermitteln. Sollten dennoch Ansprüche offen sein, bitten wir um Benachrichtigung.

**Lang Lang:** Fot. NN, CC BY-SA 2.0, (WikiCommons: https://commons.wikimedia.org/wiki/File:Lang_Lang_-_World_Economic_Forum_Annual_Meeting_2010_Davos_cropped.jpg, letzter aufruf: 04.07.2019).

**Gerhard Schröder:** Fot. Henning Schlottmann, CC BY 3.0, WikiCommons: https://commons.wikimedia.org/wiki/File:Gerhard_Schröder_8816.jpg, letzter Aufruf: 04.07.2019).

**Wolfgang Hilbig:** Fot. Bildarchiv H.D. Stasiak, Rechte bei Margret Franzlik, (https://blaubuch.wordpress.com/2017/01/26/1196/, letzter Aufruf: 04.07.2019).

**Glenn Gould:** Fot. NN, Public Domain, (WikiCommons: https://commons.wikimedia.org/wiki/File:Glenn_Gould_as_a_child.jpg, letzter Aufruf: 04.07.2019).

**Thomas Bernhard:** Fot. NN, Fotoarchiv Th. Bernhard Nachlassverwaltung GmbH.

**Hildegard Knef:** Fot. Abraham Pisarek, Deutsche Fotothek, CC BY 3.0, (WikiCommons: https://commons.wikimedia.org/wiki/File:Fotothek_df_pk_0000067_004_Szenenbilder.jpg, letzter Aufruf: 04.07.2019).

**Peter Ustinov:** Fot. NN, Public Domain, (WikiCommons: https://commons.wikimedia.org/wiki/File:Peter_Ustinov_with_family_1950s.jpg, letzter Aufruf: 04.07.2019).

**Édith Piaf:** Fot. NN, Public Domain, (WikiCommons: https://commons.wikimedia.org/wiki/File:Edith_Piaf_enfant.jpg, letzter Aufruf: 04.07.2019).

**Erwin Strittmatter:** Fot. NN, Rechte bei Strittmatter-Verein, (http://www.strittmatter-verein.de/de/der-verein/erwin-strittmatter/, letzter Aufruf: 04.07.2019).

**Samuel Beckett:** Fot. Roger Pic, Public Domain, (WikiCommons: https://commons.wikimedia.org/wiki/File:Samuel_Beckett,_Pic,_1_bw.jpg, letzter Aufruf: 04.07.2019).

**Hannah Arendt:** Fot. NN, Public Domain, (WikiCommons: https://commons.wikimedia.org/wiki/File:Hannah_Arendt_Mother_Age_8.jpg, letzter Aufruf: 04.07.2019).

**Erika Mann:** Fot. NN, Public Domain, ETH Bibliothek Zürich. Thomas Mann Archiv, TMA_0046.

**Erich Kästner:** Fot. Grete Kolliner, Public Domain, (WikiCommons: https://commons.wikimedia.org/wiki/File:Erich_Kästner_by_Grete_Kolliner,_c._1930.png, letzter aufruf: 04.07.2019).

**Carl Zuckmayer:** Fot. NN., Public Domain, (WikiCommons: https://commons.wikimedia.org/wiki/File:Zuckmayer_family_july1906.jpg, letzter Aufruf: 05.07.2019).

**Kurt Tucholsky:** Fot. NN., Public Domain, (WikiCommons: https://commons.wikimedia.org/wiki/File:Kurt_Tucholsky_1894.jpg, letzter Aufruf: 05.07.2019).

**Alban Berg:** Fot. Dora Kallmus, Arthur Benda, Public Domain, (WikiCommons: https://commons.wikimedia.org/wiki/File:Alban_Berg_(1885–1935)_1909_(Detail)_©_Madame_d'Ora_(1881–1963)_Albertina_FotoGLV2000-7689.png, letzter Aufruf: 05.07.2019).

**Coco Chanel – No 5:** Fot. NN, Public Domain, (https://24celebs.com/celebrity/47961-coco-chanel.html, letzter Aufruf: 05.07.2019).

**Franz Kafka:** Fot. NN., Rechte bei Archiv Klaus Wagenbach.